社会福祉実践労働の基礎的研究
―― 木のかおりと花のたね ――

吉田 博行 編著

本の泉社

◎目次◎

第1章　福祉施設実践レビュー……………………………… 5

1. 木のかおりと花のたね ― 機関紙工房だよりを編集して ― …………6
2. パンパンは、バッド・バッドウイスキー ……………………… 23
3. あの日、あの時 ……………………………………………… 37
4. 工房はなぞののモットーと幸福感 ………………………… 53
5. 種を蒔くということ ………………………………………… 80
6. 工房はなぞのと地域とのつながり（概論）………………… 89
7. 木の香りに包まれた癒しの空間 …………………………… 95
8. グループホームの1年を振り返って ……………………… 97

第2章　社会福祉労働の基礎的研究……………………… 99

1. 戦前社会福祉施設の労働を考える ………………………… 100
2. 埼玉育児院創設期の記録 …………………………………… 116
3. 保育園民営化の諸問題 ……………………………………… 140
4. 指定管理制度の導入と社会福祉施設 ……………………… 156
5. 新潟県における女工保護組合の展開 ……………………… 173

第3章　田代国次郎先生と社会福祉研究センター…… 189

1. 社会福祉研究センター訪問記 ……………………………… 190
2. 遥か労研饅頭を求めて ……………………………………… 196
3. 岡山からヒロシマへ ………………………………………… 206
4. 唯木君を偲んで ……………………………………………… 213
5. 田代国次郎先生と出会うことができて …………………… 217

発刊によせて……………………………………………………… 225

あとがき…………………………………………………………… 228

第1章

福祉施設実践レビュー

1 木のかおりと花のたね ― 機関紙工房だよりを編集して ― …… 6
2 パンパンは、バッド・バッドウイスキー ……………………………23
3 あの日、あの時 ………………………………………………………37
4 工房はなぞののモットーと幸福感 …………………………………53
5 種を蒔くということ …………………………………………………80
6 工房はなぞのと地域とのつながり（概論）…………………………89
7 木の香りに包まれた癒しの空間 ……………………………………95
8 グループホームの1年を振り返って ………………………………97

木のかおりと花のたね ― 機関紙工房だよりを編集して ―

はじめに

　埼玉県社会福祉事業団花園（障害者支援施設）の工房はなぞの（生活介護：通所）は、機関紙（工房だより）「木のかおりと花のたね」を毎月発行し現在に至っている。平成23年4月20日発行の第1号から平成25年10月25日発行で第31号となった。それ以前は、利用者・保護者さんあてに、開所日と行事予定をお知らせし、通所利用のお休みを確認している程度であった。保護者さんとの連絡会などを通じて、工房はなぞの独自の機関紙の要望があがった。工房はなぞのとしても事前に利用日の確認や今後の予定、利用者さんの状況などをお伝えしたいと考えていた。毎月20日を目途に作成し、利用者・保護者さんへ配布することによって、相互のつながりを図るように努めている。機関紙の発行は、利用者さんにとっても楽しみにしているようすがみられる。保護者さんからも時どき、リアクションをいただける。発行当初、工房だよりの名称は「花のたね」としたが、第24号からは「木のかおりと花のたね」と改題し、別途「コラムのココロ」の掲載を開始した。

　今回は、これまで発行してきた機関紙をまとめて振り返り、整理しておきたいと考える。

1　機関紙工房だよりの発刊に寄せて

　埼玉県社会福祉事業団花園は、昭和38年11月に精神薄弱者施設「花園学園」が開所、翌年1月には精神薄弱児施設「花園児童学園」が開設され、今年（平成25年11月）で、開設50周年を迎えた。記念事業として、記念誌の作成、遊歩道づくりをすすめている。記念誌は、クローバーの会（保護者会）が中心となって、12月には発行される。遊歩道づくりは、花園が主体となって、遊歩道設置プロジェクトを設立し、検討している。

　工房はなぞのは、平成17年4月開所から平成23年3月の6年間は、知的障害者通所授産施設を経て、平成24年4月からは、障害者支援施設花園の生活介護（通所）として運営されている。平成25年11月1日現在、定員20名のところ、現員15名（男性9名、女性6名）の地域の方が通所利用している。

花園の機関紙（KIKANSHIはなぞの）は、平成25年9月1日発行で第299号となった。工房はなぞの機関紙（木のかおりと花のたね）は、若干、第31号である。発行当時の構想として、いつかは時期をみて、まとめようと考えていた。それを今、実現しようとおもう。

2　木のかおり花のたねドキュメント

　工房だよりが機関誌として発行された第1号（平成23年4月20日発行）から掲載した主な記事を紹介し、工房はなぞのドキュメントを振り返ってみようと考える。

(1)　平成23年度

▼道の駅はなぞのアルエット[1]販売。平成23年4月9日（土）・10日（日）、道の駅はなぞのアルエットで販売をおこないました。たくさんのお客さんに木工製品などをお買い上げいただきました。利用者さんや保護者の皆様にご協力をいただきました。ありがとうございました。

▼花壇のお花がたくさん咲きました。丸太を使ってアレンジした「工房花壇」は、平成22年の11月ごろから作り始めました。色とりどりのパンジーやビオラ、チューリップがすくすくと育ち、見る人を和ませています。花壇のおとなりは、野菜の畑。どんな野菜ができるかな。

▼夏のグリーンカーテンはじめました。夏の節電対策の一環として、工房では、ゴーヤ、アサガオ、ふうせんかずら、などのグリーンカーテンつくりに挑戦しています。その他、畑では、トマト、ナスが実り始めました。ヒマワリもスクスク育っています。成長が楽しみです。

▼夏の古代蓮の里を見に行く。平成23年7月8日（金）、マイクロバスに乗って、行田市の古代蓮の里へ行ってきました。公園には、いろいろな種類の蓮が咲いて

いました。暑い日で、冷たいジュースがおいしかった。久しぶりのお出かけで、利用者の皆さんは楽しそうでした。

▼工房の大地で夏の野菜、大収穫。今年は、ナスやトマトの夏野菜が毎日たくさん獲れました。ヒマワリも元気よく咲いて好評でした。

▼平成23年9月11日（日）、嵐山郷保護者会で木工、ブルーベリーの販売をしました。工房では、手織り布と木工を組み合わせた製品を製作中です。

▼平成23年10月11日（火）地域交流として、花園地区風船バレーボール大会[2]に参加しました。はじめて参加した方も楽しくプレーすることができました。結果、6位でガンバッタ賞でした。来年、またチャレンジしましょう。

▼たまご直売所、正面玄関にのぼりをたてています。

▼秋の地域支援レクリエーション。今年は長野県小布施町に利用者さん、職員総勢20人で、りんご狩りに出かけました。晴天に恵まれ、お買い物や散策を楽しみました。

▼平成23年11月12日（土）・13日（日）は、深谷市福祉健康まつり[3]に参加しました。今年は、渋沢栄一生誕祭のため、城址公園で開催でした。

▼冬でもヒマワリ、いつでも大きなまつぼっくり。だんだんと寒さが厳しくなってきましたが、工房では、冬のヒマワリが元気に咲きました。また、販売会で人気のまつぼっくりですが、松の木は、大王松（だいおうしょう）という種類です。今年も残すところあとわずかとなりました。来年もまたよろしくお願いします。
なお、平成23年12月29日〜平成24年1月3日が、活動休止期間でお休みとなります。

▼新年あけましておめでとうございます。平成24年新しい年がスタートしま

した。さっそく、平成24年1月17日にグループホームと通所合同の新年会をおこない、皆さん飲んだり食べたり、楽しく過ごされました。

▼平成24年1月6日から正門右側の浄化槽工事がおこなわれます。大型車両が出入りしますので、正門付近を通るときは、お気を付けください。

▼工房はなぞので丸イス製作。木工教室開催。平成24年2月18日、工房はなぞので木工教室をおこないました。地域から6名の小学生が参加され、一般ボランティア、職員を含め、計14名で丸イスつくりを体験しました。イスをつくるのは初めての人ばかり。アドバイスを受けながら、皆さん一生懸命に取り組んでいました。

▼全国でインフルエンザが流行しています。手洗い、うがい、消毒やマスク着用を心がけ感染を予防しましょう。

▼平成24年2月29日（水）、工房の畑は白い。なごり雪でしょうか。

▼平成24年3月10日（土）、深谷市花園文化会館アドニス大ホールで、映画「大地の詩〜留岡幸助物語」が上映され、工房の利用者さん、職員あわせ18人が映画鑑賞しました。この映画は、牧師だった留岡が青少年を更生させるために、北海道に家庭学校をつくっていくお話しでした。山田火砂子監督にお会いし、記念写真を撮りました。次回作は、『この子らを世の光に』糸賀一雄物語とのことです[4]。

もうすぐ、新しい年度を迎えます。春よ来い。

(2) 平成24年度
▼見あげる。青空、サクラ、こいのぼり。

▼浄化槽の工事が終了し、囲いが取り除かれ、工房にやっと明るい陽の光が差し込むようになりました。平成24年4月のアルエット販売では、保護者さんにご協力いただきありがとうございました。今年度もよろしくお願いいたします。

▼工房では、手工芸の活動でこいのぼりをつくりました。ウロコの1つひとつが、さおり織の布でできています。工房に飾りました。

▼秋に蒔いたハゼリソウが冬を越し5月に満開となりました。ロード脇に咲いた薄紫色花の香りに誘われて、ミツバチも飛んできました。行く人の目を楽しませています。これから夏にかけては、アオイとヒマワリの花が咲く予定です。花いっぱいになるのが楽しみです。

▼平成24年3月16日に植え付けたジャガイモが6月15日に収穫できました。皆さんとても喜んでいました。初夏にはアオイやコスモス、ヒマワリ、などが咲き、ナスやトマトの収穫も楽しみです。「収穫できてよかった」「大きいのがとれました」「とれました」。利用者さんのコメント。

▼平成24年7月17日（火）、工房はなぞのは、あすなろ学園（北本市）[5] へ施設見学に行ってきました。あすなろ学園は、現在42名の方が通所利用され、プラスチック部品の組み立てやシール貼りなどの受託作業と、自主製品のＥＭ活性液の生産などに取り組んでいました。その他、陶芸や機織り、畑作業もおこなっていました。施設周辺は自動車の交通が多い住宅地で、飲食店や電気屋さんなどがありました。昼食は、外食で、かつ重と冷たいお蕎麦、飲み物飲み放題をいただき、皆さん大満足でした。帰りは道の駅いちごの里よしみで、買い物をし、休

第1章 福祉施設実践レビュー

憩をとりました。なお、当日は、関東地方では、梅雨明けが宣言されました。各地では、最高気温が記録され、とても暑い日でした。

▼ボランティアで◯くなった。平成24年7月26日（木）、工房はなぞのでは、彩の国ボランティア体験プログラム事業[6]として、木工教室を開催し、小学生を受入れました。こどもたちは、糸ノコを使って、一人ひとり個性的なコースターを作っていました。参加されたKさんは、「糸ノコは難しかったけど楽しかった。作ったコースターは部屋に飾りたい」と言っていました。小学生を指導する後藤さんのフォト。あれえー。よく見ると◯くなってるみたい。

▼平成24年7月28日（土）、小前田北公園で北夏祭りがおこなわれました。暑い中、赤や青いハッピを着たこどもたちが、元気にみこしをかついで、花園ロータリーを通り抜けました。そのようすを利用者さんたちは、工房玄関で見学しました。

▼工房はなぞのでは、イメージキャラクターとして「大王みみじろう（仮称）」とロゴを考案中です。キャラクターをモチーフにした製品や木工製品のPR、販売促進、イメージアップなどにつながるように検討しています。「大王みみじろう（仮称）」は、花園にある大きな大王松のまつぼっくりと、幸福の鳥と言われるふくろう（ミミヅク）と樹木（木工）をイメージしてデザインしました。当工房では、画力が

乏しいため、女子2寮のイラストレーターにお願いしました。皆様のご意見、ご感想をお待ちしております。よろしくお願いします。

▼深谷市武蔵野にあるデイサービスセンター・居宅介護支援事業所から、半丸テーブルと長テーブルなどの受注があり、現在製作中です。この製品は、施設増築にともない、食堂・機能回復室で使用されるそうです。今回、深谷市社会福祉協議会による作品カレンダーの撮影の為、工房の製品をレイアウトしてみました。撮影した写真は、来年のカレンダーの表紙を飾る予定です。

▼Kさんは、ドリンク好きで、毎日、昼食後のコーヒータイムを楽しみにしています。このときは、突然、何を思ったのか（？）。マイカップを自分の頭にのせて、コミカルなぱふぉーまんす。その瞬間をパチリ。本人によると、『つい、やってしまった。』特に意味はないということです。へぇ～。

▼平成24年11月9日（金）、地域支援日帰り旅行（ＧＨ・通所）で浅草へ行ってきました（計20名：利用者さん15名、職員5名）。浅草雷5656会館で昼食とドリンクを楽しみ、浅草寺仲見世通りでショッピング。隅田川水上バスで、日の出桟橋へクルーズ。乗船までの待ち時間、青空とスカイツリーをバックにパチリ。船が怖くて乗れなかった人は、タクシーで日の出桟橋へ移動（残念）。みなさんのおみやげは、それぞれ。例えば、「人形焼き」「雷おこし」「浅草ラスク」「イモようかん」「帽子」「カバン」「ＡＫＢグッズ」、そして「電気ブラン」など。あげまんじゅうの食べ歩きもしました。当日は、晴天に恵まれ、穏やかな日で、皆さんとても楽しいひとときをすごされました。今度はどこへ行こうかな。

▼男子棟利用者Ｓさんの保護者様から、Ｋ会社ＯＢ会第30回総会の記念品として、葉っぱとナスのコースター（470枚）の注文を承りました。現在、ガ

ンバッテ製作中です。ありがとうございます。

▼工房はなぞのでは、大王松まつぼっくりアートに挑戦しています（芸術はバクハツだ）。アクリル樹脂絵の具が手に入ったので、まつぼっくりにペイントしてみました。その他、手織り布のクリスマスツリーなどを装飾して、Xmasを迎えたいと思います。

▼今年も残すところ、あとわずかになりました。この1年間、皆さんは、怪我や事故などなく、元気に通所されました。寒さが厳しくなってきましたが、風邪などひかず、よいお正月を迎えましょう。来年もよろしくお願いいたします。

▼平成25年1月18日（金）、徳樹庵花園店にて、利用者さん15名、職員3名、世話人8名の計26名で、通所・グループホーム合同新年会をおこないました。利用者代表のNさんの乾杯の音頭で、宴会がスタート。テーブルには、たくさんの料理が運ばれ、皆さんそれぞれ好きな飲み物（お酒など）飲み放題を（世話人さんの顔色をうかがいながら）注文していました。が、飲みすぎて、酔っ払ってしまった方もいたようです。またビンゴゲームでは、皆さんに良い景品が当たりました。年に一度の宴会は盛り上がり、楽しい時間はあっという間に過ぎていき、皆さん満足のようでした。本年も皆仲よく、元気に過ごせますよう、よろしくお願いいたします。

▼平成25年2月20日（水）、作業棟ワックス洗浄のため、早朝からベイシア寄居店へ外出しました。皆さんは、なぜか、コインゲームに熱中時代。何度狙っても、なかなか当たりませんでした。

▼空き缶のペイントアートにいどむA・Wさん。けっこうノッテいました。「バクハツだ！バクハツだ！」を連呼。

▼青梅赤塚不二夫会館のポスターのパネルをもってパチリ。工房はなぞのは、「これでいいのだ！」のココロ。

(3) 平成25年度

▼工房大好き。Rさん。「山、白い」「空、あたたかい」「カフェオレ、イッパツアウト」「ボク、電車大好き」「あ〜完全に疲れた」「あ〜よく寝た。7時30分」「うわ〜コーラ危ない。骨とかす」「お茶、最高」「牛乳ダメ。飲めない」「マジ、ちょ〜カッコイイでしょ」「ナ、ナゴヤ。名古屋ナンバー」「工房のみんなケンカしない。ともだち」男子1寮のショートステイ利用のRさん。しばらくの間、工房はなぞの（通所）を利用されています。他利用者さんと仲よく過ごし、木工などの活動にガンバッテいます。特に、散歩大好きで、いつも楽しみにしています。工房でスカウトしたい人材です。よろしくお願いします。

▼青空に白いモクレンの花、暖かい日。平成25年3月19日（火）、工房の畑のモクレンの花が満開になりました。

▼玄関に看板。工房玄関に新しくリースと大王みみじろうの看板を付けました。見てください。

▼平成25年4月13日（土）・14日（日）の2日間、道の駅はなぞの花時計広場にて、創業祭が開催され、展示・販売に参加しました。天候に恵まれ、多くのお客さんが来場されました。最終日は、ふっかちゃん（深谷市イメージキャラクター）とカワシロウ（川の博物館マスコット）が登場し、イベントを盛り上げてくれました。両日、保護者さんの応援をいただき、ありがとうございました。

▼先日、アパートメント花園の看板が、壊れたので、工房では、ケヤキ材を使って新しい看板をつくりました。

▼平成25年4月15日（月）から、工房心得（実習）として、Oさんを受け入れています。正式に採用となりましたら、皆さんよろしくお願いします。

▼工房はなぞのは、木工を中心に活動していますが、利用者さんによっては、さまざまな活動もおこなっています。Mさんは、青菜のタネとりのしごとをガンバッテいます。なぜか、いつも逆さメガネです。WさんとSさんは、漢字と文字の練習もしています。世話人さんに漢字練習帳と筆記用具を買ってもらいました。

▼工房では、手工芸品の製作にも取り組んでいます。機織りボランティアのTさんの協力で、織布を使った鍋敷きができました。利用者さんとの話し合いや外出ドライブも検討中です。利用者さん、工房のモットーを守り、仲良くしましょうね。お願いします。

▼平成25年6月19日（水）、工房の玄関に新しいソファーが設置されました。腰を掛けて靴を履けるので、みなさんに好評です。つい座ってみたくなるので、時どき定員オーバーになってしまいます。お互いゆずりあって、大切に使いましょうね。

▼工房では、木製のオリジナルキーホルダーを製作しています。ストラップの紐は、タコ糸を使い、組紐編みで作ります。Uさんは、1日に20ｃｍの長さの紐を5本～6本、編み上げます。根気と時間を必要とする大変な作業に取り組んでいます。いつもありがとうございます。これからもお願いします。

▼平成25年7月12日（金）、地域支援ドライブで、小江戸川越へ出かけました。当日は、真夏日でとても暑い一日でしたが、蔵造りの街並みや時の鐘を散策して、皆さんとても楽しんでいました。昼食は小江戸味処深井屋で、うな重（竹）をいただきました。菓子屋横丁へ行く途中、おしゃれな雑貨屋がありました。よく見るとチーさん物色中。お菓子のおみやげを買って帰りました。

▼工房はなぞののモクレンの木に鳥の巣箱を取り付けました。スズメが、おうちに入ったり出たりしています。自然保護とバードウォッチングも楽しみです。

▼平成25年8月23日（金）、フラワーヴィラと花園協賛のサマースクール[7]が開催され、中学生59名を受け入れました。花園を会場に認知症サポーター養成講座（フラワーヴィラ、深谷市）と、木工教室（花園、工房はなぞの）をおこない、生徒さんたちは、寄木のペン立てつくりを利用者さんたちと一緒に体験しました。

▼以前から体験利用されていたTさん（深谷市荒川）が、新しく工房はなぞのを通所利用されることになりました。本人によると、好きな食べ物は、「ハンバーガー、ポテト、たきこみごはん」、など。好きなのは、「井上陽水、キャンディーズ（スーちゃん）、バカ殿」と、おっしゃっていました。工房では、マジックやクレヨンで、創作活動を楽しんでいます。皆さんよろしくお願いします。

▼平成25年9月16日、台風18号は、日本列島に上陸。埼玉県も通過し、熊谷市、行田市などに、たくさんの被害をもたらしました。幸いに、工房のグリーンカーテン（パッションフルーツ、ゴーヤ、アサガオ、フウセンカズラ）は、飛ばされず、まだまだ元気にガンバッテいます。

▼Wさんに「何か書いて。」とお願いすると、ユニークで独特な文字を書いていました。その一枚を額に入れて飾ってみるとアートチックでした。Oさんの作品。休憩時間に、パレットに絵の具をたくさん出しすぎていました。曰く「絵の具出しすぎちゃダメ」。イソイソ描いて、コッテリした作品になってしまったのかな。

▼平成25年10月12日（土）・13日（日）、道の駅はなぞのでアルエットまつりが開催され、工房はなぞのは、販売に参加しました。おかげさまで、売上に貢献できました。皆様のご協力ありがとうございました。

▼平成25年10月18日（金）第12回花園地区風船バレーボール大会が、農業者トレーニングセンターでおこなわれ、工房はなぞのでは、合計21名参加しました。なんとかガンバッタ結果、めでたくチームワーク賞を受賞することができました。皆さん、おつかれさまでした。

3　コラムのココロ
〈人生のトビラ〉

　春がまた来るたび、ひとつ年を重ね、目に映る景色も少しずつ変わるよ。陽気にはしゃいでた幼い日は遠く、気がつけば五十路を越えた私がいる。信じられない速さで時は過ぎると知ってしまったら、どんな小さなことも覚えていたいと心が言ったよ[8]。年をとり、季節が、移りゆくと、ごく当たり前の風景を見ても、ものの見方や、時間の大切さに気づかされるようになりました。工房はなぞのは、もう一度、仕切り直し、新しい年度を迎えたいと考えます。これからも、ご支援・ご協力をよろしくお願いいたします。（平成25年3月25日）

〈Saitama Social Welfare Corp Hanazono ＳＩＮＣＥ 1693〉

　埼玉県社会福祉事業団花園は、1963（昭和38）年11月に開設され、今年で50周年を迎えます。記念事業の一つとして、遊歩道づくりが計画されています。工房はなぞのでは、新自主製品として、ロゴ、キャラクター入り記念キーホルダーを試行作成中です。また、工房では、花壇やプランターを整備し、花少しいっぱい運動をすすめています。ミリオンベル、キンレンカ、ビオラ、などの苗を植え付けます。今年のグリーンカーテンは、ゴーヤ、フウセンカズラの他、パッションフルーツにも挑戦します。（平成25年4月30日）

〈ボランティアを受け入れて〉

　平成24年度の花園のボランティア受入実績は、実人数211人でした。うち、

工房の実績は、88人です。この値は、全体の約41％を占めています。平成25年度花園重点目標シートでも、受入実績10％増を目標値としています。これから夏休みにむけて学生さんなどのボランティアを積極的に受け入れていきたいと考えています。

　ところで、ボランティア「volunteer」とは、義勇兵の意、志願者、奉仕者、自ら進んで社会事業などに無償で参加する人のこと。ボランティアは、「やる気」「世直し」「手弁当」。教科書では、「自発性」「社会性・公益性」「無償性」など、といわれています。大熊由紀子さん（国際医療福祉大学大学院教授）は、『恋するようにボランティアを』[9]を執筆しています。ボランティアは、法律や制度を超えるのだ。（平成25年5月28日）

〈草取り三角鎌ダイエット〉

　本格的な梅雨の季節、アオイの花（赤色）が満開となりました。ヒマワリも大きく成長しています。今年の工房はなぞのは、真夏に備えて、きゅうり、ゴーヤ、パッションフルーツ、フウセンカズラ、アサガオ、ルコウソウ、などのグリーンカーテンをつくりました。植物は、1日、1日、少しずつ成長しています。草花とともに雑草の成長も順調で、草取りが、かかせません。草刈り機械を使用することもありますが、微妙な間隔は、手作業になります。小鎌で、小さい雑草を丁寧にとります。最近は、柄のついた三角鎌をつかっています。刃が三角形をしていて、草取り作業は、もちろんのこと、土をならしたり、うねをつくったりするにも最適です。私の趣味は、草取りと散歩。ダイエットにもよさそうなのだ。（平成25年6月28日）

〈ヒマワリ風立ちぬ〉

　青空・白い雲・ヒマワリ。今年の夏も工房の大地に、ヒマワリ（約190本）の黄色い花が咲きました。1番背が高いのは、約2m90cm。

　平成25年7月20日（土）、宮崎駿監督『風立ちぬ』が全国ロードショー。かつて、戦争のあった日本。実在の人物「堀越二郎」の半生を描き、

「堀辰夫」の小説に由来する映画。飛行機を夢見る少年が三菱重工へ入社し、飛行機の設計に取り組んだ。映画のエンディングは、「荒井由美」作詞・作曲・歌「ひこうき雲」。この曲は、筆者が中学生のころ、友だちのLPで聞いたのが最初でした。

　ところで、群馬県出身の「中島知久平」も飛行機会社を設立。現在は、太田市の富士重工。ここも、かつては、飛行機をつくっていたのだ[10]。（平成25年7月26日）

〈百日草とほうき草〉

　朝夕少し涼しくなりました。ヒャクニチソウは、まだまだ、元気に咲いています。この花は、初夏から晩秋にかけての長い期間、花を咲かせ続けることから「百日草」とも呼ばれ、親しまれています。苗を植え付けたころは、弱々しく、ヨコになっていましたが、成長するにつれ、パワーを発揮してきました。同様に、春に植えた「ほうき草」（ホウキギ、ホウキグサ）の苗が、緑色に、丸く太ったり、小さかったりしています。この植物は、その名のとおり、枯れた後束ねて「ほうき」に利用できるようです。秋には、鮮やかに紅葉するので楽しみです。工房のまわりに約百本植えつけました。これもまた、「百（ひゃく）」なのだ。（平成25年8月30日）

〈神の見えざる手によって〉

　あなたは、スマホ、それともケイタイ。「ガラパゴス化」という言葉が使われて久しい。日本の携帯電話は、「ガラケー」と呼ばれるらしい。8月の休日、A社の携帯ショップの店員さんによると、「携帯電話は販売していません。部品もなく、予定もないので、これからはスマホに買い替えることになります。」と言われ、購入に躊躇し、その時はそのまま帰りました。ところが、間もなく、K家電店に立ち寄ると、新機種の携帯が販売されているではありませんか。しかも、A社から。しかも、「皆様のご期待に応えて販売」と書いてありました。早々、夫婦そろって、新機種の携帯2台を購入し、喜んで自慢していました。「私たちは、しばらくはガラケーでいいのだ。」と思いながらも、消費者は、何か大きな力、見えざる手によって、コントロールされているのだ。（平成25年9月25日）

〈ことばならざることば〉

　10月はめまぐるしく過ぎています。やがて、時間が解決してくれると思うと、気が楽になります。仕事上やプライベートでも、人とのコミュニケーションの難しさを実感させられます。ことばで十分伝えていると思っていても、相手には伝わっていない。違って理解されている場合が少なくありません。ことばによって伝えられるメッセージは、35％にすぎず、残りの65％は、話しぶり、動作、ジェスチャー、相手との間、など、ことば以外の手段（非言語（ノンバーバル）コミュニケーション）で伝えられる、といわれています。沈黙や時間、空間、なども含まれるようです[11]。私は、人の感情や気持ち、「ことばならざることば」が気になってしまいます。

　ところで、ある雨の日の朝、花園正面玄関ロータリーの外灯に灯りがついていたところを撮影しました。なんとなくレトロチックなのだ。（平成25年10月25日）

編集後記

　機関紙「木のかおりと花のたね」を振り返り、まとめてみると、それぞれがなにげない普通の日の一場面である。「そうだね。こういうこともあったね」という想いと、どの内容も、つい先日のことのように感じられる。急いでいるつもりはないが、どうやら走ってきたようである。もっとゆっくり歩いて、ときどき、止まって振り返ることも大切とおもう。

　毎月末、機関紙をつくるのにいつも苦戦している。情報はたくさんあるが、ネタをストックしておくほどの余裕はない。よって、その時どきの編集者の感覚で、少しユーモア感を入れて編集している。できた機関紙を配布するとき、利用者さんの嬉しそうな表情をみたり、保護者さんからも反応の声をいただくと、うれしくなる。

　早朝、作業場へ入ると木の香りがする。癒される匂いである。作業場南側の大地を耕し、「花少しいっぱい運動」と称して、花壇と畑をつくって、草花や野

菜を育てている。そういう意味もあって、機関紙の題名を「木のかおりと花のたね」改題した。「花」は、「花園」の「花」でもある。私たちは、弱小チームで、どこまでできるかわからないが、できる限り継続することが、課題なのである。

【注】
1) 1980（昭和55）年、関越自動車道花園インターチェンジが開通した。東松山―前橋間の開通は、7月17日であった。1998（平成10）年4月11日、140号沿いに道の駅に地域振興施設「アルエット」がオープンした。「アルエット」とは、ひばりのフランス語名で幸せの鳥をイメージしてつけられた。外観は、ヨーロッパ・アルプスをイメージした建物である。1階は販売所で、2階は、休憩室、会議室などがある。広場には花時計公園があり、この付近を会場に販売会が開催される。市内外の約27業者が集まるアルエット会が存在し、事業を展開している。花園もアルエット会の会員である。埼玉県大里郡花園町総務課発『花園町閉町記念誌はなぞの』2005年12月。
2) 深谷市社会福祉協議会花園支所の事業の1つが花園地区風船バレーボール大会である。花園も同支所会役員となっている。地域の藤沢公民館で行われた。約7チーム、総勢146名の参加があった。当日花園は、マイクロバスで計19名参加し、結果は、最下位だった。
3) 深谷市、深谷市社会福祉協議会主催により深谷市福祉健康まつりが開催された。同年は、渋沢栄一没後80年記念事業が深谷市教育委員会主催により開催されたため、福祉健康まつりの会場は、城址公園周辺となった。約77の参加事業所が出店した。花園からは工房はなぞのが参加し、木工製品の販売をおこなった。深谷市は渋沢栄一の出生地であり、記念事業として、シンポジウム、深谷駅前銅像、渋沢栄一記念館銅像の献花式、産業祭などがおこなわれた。
4) 深谷市花園文化会館アドニスで、山田火砂子監督の映画「大地の詩―留岡幸助物語―」が上映されるというので、チケットを購入し、工房の皆さんで観に行った。受付に山田火砂子監督さん本人がいらっしゃったので、記念撮影をしていただいた。筆者（吉田）は、平成16年に「石井のおとうさんありがとう―岡山孤児院・石井十次の生涯―」、平成19年に「筆子・その愛―天

使のピアノ」を鑑賞した。現代プロダクションによる次回作は、「この子らを世の光に──糸賀一雄物語──（仮称）」であるとのこと。映画パンフレットを購入したら、山田監督直筆サインを書いていただいた。

5) あすなろ学園（障害福祉サービス事業所）は、昭和59年4月、北本市設置、定員30名で開園（知的障害者授産施設）した。平成5年、定員50名に増員。平成22年4月から埼玉県社会福祉事業団が北本市の指定管理者として運営開始した。平成24年4月、障害者自立支援法新体系へ移行し、多機能型：生活介護及び就労支援B型の事業を展開している。

6) 彩の国ボランティア体験プログラム事業について、深谷市ボランティアセンター、深谷市社会福祉協議会が主体となって、小・中学生、高校生、大学生などを対象に地元の各施設を紹介し、ボランティアの受入れをすすめている。工房はなぞのでは、小・中学生を対象に木工教室を開催し、ボランティアを受入れた。

7) 特別養護老人ホーム「フラワーヴィラ」は、平成3年7月、深谷市小前田に開所した。同施設は、独自でサマースクールを開催し、地元の小・中学生をボランティアとして受け入れていた。平成23年ごろからは、花園も協賛し、サマースクールをおこなっている。工房はなぞのは、毎年、木工教室を開催し、ボランティアを受け入れている。今年は、希望者が多く59名の参加者があった。当日朝から、雨天となったため、急きょ、体育館を自転車の駐輪所とした。

8) 竹内まりや作詞作曲「人生の扉」（Expressions、Disc3-14）ワーナーミュージックジャパン、2008年。

9) 大熊由紀子著『恋するようにボランティアを［優しき挑戦者たち］』ぶどう社、2008年。

10) 高橋泰隆著『中島飛行機の研究』日本経済評論、1999年。

11) マジョリー・F・ヴァーガス著『非言語コミュニケーション』新潮社、2006年。

本稿は、草の根福祉編集委員会編『草の根福祉』（第43号）、2013年、112ページ〜123ページを再編集した。

パンパンは、バッド・バッド・ウイスキー

はじめに

　埼玉県社会福祉事業団花園（障害者支援施設）の工房はなぞの（生活介護：通所）は、利用者、保護者さんを対象に機関紙工房だより「木のかおりと花のたね」を毎月発行している。平成23年4月20日発行の第1号から平成26年7月22日発行で第40号となった。第1号から第31号までの経過は、『草の根福祉』（第43号）[1] に掲載していただいた。ここまで機関紙を編集しつつ、継続すべきところは続け、改善すべきところは若干のリニューアルを試みた。「コラムのココロ」は、1回目の掲載（第24号）から現在（第40号）まで16のコラムとなった。写真とコメントは、第35号から『あの日、あの時』のコーナーとしてリニューアルした。「B面ニュースで論」は、第34号から新たに創設し、編者が気になる情報を掲載した。

　今回は、第32号から第40号までの内容をとりまとめ整理しておきたいと考える。

1 『あの日、あの時』

　工房はなぞののドキュメントを『あの日、あの時』のコーナーとして、紹介する。

（1）平成25年度

▼平成25年11月1日（金）地域支援日帰り旅行で日光江戸村[2] へ行ってきました。皆さん大喜び。施設内を見学し、昼食は、お狩場食事処で、三方御膳を食べました。村では、江戸時代にタイムスリップした感じでした。

▼平成25年11月12日（火）・13日（水）心の輪を広げる深谷市障害者

文化作品展³⁾が深谷アリオ1Fで開催されました。工房も展示し、みなさんで見学しました。ついでに、フードコーナーでドーナツとお茶をいただきました。コーヒーおかわりできました。

▼初冬、ほうき草（コキア）を乾燥しています。ほうきをつくりましょう。プランターに、黄色いパンジーを植えました。玄関の百日草は、冬なのにまだ、ガンバッテ咲いています。

▼平成25年7月24日に見学されたKさん（F市内）が、工房体験利用されています。活動では、積み木や木工やすりかけ、などをしています。大きな身体で、上履きは28ｃｍあります。お茶わんが小さく見えます。まだ、慣れていませんが、みなさん、よろしくお願いします。

▼平成25年12月13日（金）の午後、久しぶりに農業者トレーニングセンターへ散歩に行った帰り道、男子1寮のモミジの下を見ると、赤や黄色のはっぱがたくさん落ちていて、ジュータンになっていました。

▼平成26年1月16日（木）17：30～、徳樹庵花園店で、グループホームと通所協賛の新年会（26名参加）が開催され、皆さん楽しいひとときを過ごされました。当日誕生日の人もいて、ハリキッテ飲み過ぎてしまった方もいました。

▼平成26年1月18日、工房畑のモクレンに、はやくも芽が出はじめていました。

▼このたび、グループホーム小前田とアパートメント花園の台所には、最新のＩＨクッキングヒーターが設置され、豊かなキッチンライフがはじまりました。これはスゴイです。

▼平成26年2月14日（金）は、バレンタインデー。その日は朝から作業場のワッ

クス清掃。マイクロバスで川本ベイシアへ出かけました。フードコーナーで、コーヒータイムにしました。フライドポテトも食べました。Sさんは、ゲームコーナーで、バイキンマン乗り物に乗車。お金を使わないで楽しめました。

▼平成26年2月の大雪。除雪作業で大忙し。2月18日（火）、工房はなぞの（通所）は、利用者さんと職員総出で、駐車場の雪かきをしました。Tさんは、工房事務室前を独自に除雪していました。適度な運動量で、ダイエットにもなりました。慣れない作業で、手と腰が痛くなりました。

▼平成26年3月1日（土）・2日（日）、工房はなぞのは、新設された花園公民館[4]のお祭りに出展しました。

▼平成26年3月6日（木）午前、花園軽作業室を会場に、ひなまつりコンサート（深谷市社協協賛）が開催されました。花園保育園と花園第2保育園から元気な45名の園児さんがバスに乗ってやってきて、歌と踊りの催しがありました。利用者さんとの交流で『崖の上のポニョ主題歌』、『となりのトトロさんぽ』（ジブリ）を一緒に歌いました。記念品の贈呈やプレゼント交換があり、工房はなぞのからもまつぼっくり、などをさしあげました。

(2) 平成26年度

▼平成26年4月12日（土）・13日（日）、道の駅はなぞのアルエット販売会（創業16周年記念）に出店しました。地域振興施設アルエットは、平成10年4月11日オープン。前日は強い風がありましたが、2日間晴天に恵まれ売上も絶好調でした。ときどき、ふっかちゃん（深谷市ゆるキャラ）が登場し、販売会を盛り上げてくれました。ガンバリすぎて、倒れてしまいました。それを見ていた子どもさんが「ふっかちゃんも転ぶんだ」と驚いていました。販売にご協力いただいた保護者さん、個人ボランティアの皆さん、ありがとうございました。

▼平成26年5月10日（土）午後から、工房はなぞのの食堂で、映画鑑賞会（ホー

ムシアター）をおこないました。この日の上映は、『紅の豚』（ジブリ）。自動販売機で飲み物を購入し、いただきもののバームクーヘンを食べながら、土曜の午後のひとときを優雅に過ごしました。

▼昨年、植え付けたほうき草から種が落ちて、たくさんの芽が出て、ふくらんで、あっちこっちで群衆となっていました。アオイの葉も大きく成長しています。3月に植えたジャガイモも収穫期を迎えます。コンクリートのスキマからスミレの花が芽をだし、ガンバッテ咲いていました。

▼平成26年5月31日（土）、上尾市に開設された特定非営利活動法人コスモス・アース（障害福祉サービス事業所）の竣工式が開催されました。工房はなぞのでつくったテーブルとイスの功績が評価され、契約職員のTさんに感謝状が贈呈されました。おめでとうございます。
なお、竣工式のようすは後日、テレビ埼玉で放映されました。

▼平成26年3月13日、工房畑に植え付けたじゃがいもが成長し、6月3日に収穫できました。こぶりでしたが、利用者、職員の皆さんにお分けしました。ヒマワリの種を蒔いたところ、芽がでてふくらんで、葉っぱがたくさんになりました。黄色い花がいっぱい咲くのが楽しみです

▼平成26年6月23日（月）、地域支援ドライブで、明治坂戸工場へ見学に行きました。利用者、職員総勢21名の参加がありました。当工場は、昭和54年に開設。敷地は東京ドーム2ケ半の広さ。ミルクチョコレート、カール、ビスケット、ガム、グミ、ミルクココアなど、約60品目（4億円相当）のお菓子を製造しています。ミスターMが登場するDVDをみたあと、カールとチョコレート工場を視察しました。おみやげに、アポロチョコ、カール、ドリンク、などをいただきました。カールおじさんと一緒に記念撮影。工場の担当者の方には、親切丁寧

に対応していただき、ありがとうございました。

　昼食は、大穀坂戸店で、かつ丼とドリンクをいただきました。楽しい1日でした。

　来年は、どこに行きましょうか。

2　コラムのココロ
〈日光江戸村日帰り旅行〉

　「あ、江戸にいる」。歴史に遊び、歴史に学べるカルチャーパーク、日光江戸村。平成25年度地域支援日帰り旅行に行ってきました。村を歩いていると、突然、捕り物や立ち回りが、はじまります。おかっぴきに逮捕されてしまいそうです。食べ歩きや散策、野外ステージや演劇を楽しみました。12時55分から北町奉行所(遠山金四郎)劇場を見学しました。おなじみのストーリーで、お笑い系。女性の皆さんは、声をだして大笑い。男性たちは、ワクワク。特に、クライマックスの場面、遠山の金さんが桜吹雪を見せるところ。Sさんは目をギラギラさせていました。買物も楽しみました。男性の3人は、太刀と小刀・印籠セット、などを購入。「どうして男は刀なんて、買うのかねえ」とN職員に尋ねると、「男は、弱いからじゃないんですか」と返答。そういえば、購入した男性皆さんは弱そうでした。(平成25年11月30日)

〈武州上岡観世音菩薩御開帳の年〉

　平成25年の世相を表す「今年の漢字」は「輪」(りん、わ)。2位以下は、「楽」「倍」でした。新語・流行語大賞は、「今でしょ」「じぇじぇじぇ」「倍返し」「お・も・て・な・し」の4件が受賞しました。

　花園は、11月に創立50周年を迎え、記念誌が発行され、遊歩道づくりもすすめています。きわめて、地元的なお話しになりますが、平成26年(午年)は、武州上岡観世音菩薩が12年に1度、御開帳されるご縁の年です。この大祭に合わせて、「稚児行列」がおこなわれます。これは、古来より神仏の行事がおこなわれるときに、かしこく、やさしい子に育つようにという願いを込めて、可憐なお子さんを天童に見立てて行列するものです。平成26年4月6日(日)午前10時から。問い合わせは慈雲山妙安寺。

ちなみに私（筆者）も幼少の頃、参加したおかげで、こんな人間になりました。新たな年がもっともっと幸せになりますように。（平成25年12月25日）

〈パターナリズムとアドボカシー〉
　普段の生活のなかで、何かを決める場面は、日常よくあります。例えば、自動販売機で飲み物を選ぶときとか、人生を方向づける進学や就職を決める節目のときとか、さまざまなケースがあります。子どもは、自分で決められないから、親が代わって、良かれと思って決定する。そうしたとき、パターナリズムに陥りやすいと言われています。「paternalism」とは、家父長主義、温情主義などと、訳され、本人保護のため、その自由に干渉する、それを正当化する特質があるといわれています。家庭でも施設でも、考えられます。F・P・バイステックの『ケースワークの原則』[5]のうち、「自己決定の原則」があります。つまり、自分のことは自身で選択し、決めること。本人の意向に即した支援活動のことは、アドボカシー「adovocacy」と呼ばれています。どこまでがパターナリズムで、どこで踏みとどまればアドボカシーなのか。なかなか難しいところです。私（筆者）の場合を振り返ると、子どものためといいながら、自分のための方が多かったのではないか、と反省します。（平成26年1月27日）

〈45年ぶりの大雪〉
　ソチオリンピックがはじまって、日本勢の選手の皆さんがガンバッているところ、東日本は、平成26年2月15日にかけて列島の南側を通過した低気圧の影響で、記録的な大雪となりました。15日の積雪は、甲府市で114㌢、東京都心は27㌢で45年ぶりの大雪。秩父市で98㌢、熊谷市で62㌢でした。統計を取り始めてから過去最大の積雪の観測となりました。各地では、交通網混乱、事故、屋根崩落、孤立集落など、壊滅的な被害をうけています。
　2月17日の朝、私（筆者）は、ノーマルタイヤで花園まで通勤できました。大きな道路はどうにか通れましたが、小さい道は雪が凍結していました。通勤途上で一番雪が残っていたのが花園内でした。入所の福祉施設（花園）は24時間営業。当日の勤務者、前日から宿泊された職員の皆さん、大変おつ

かれさまでした。食事をつくってくれた厨房の皆さん、グループホームの世話人さんもありがとうございました。家と職場の連日の雪かきで、腰と手指の傷が痛いのです。（平成26年2月25日）

〈幸せの黄色いハンカチの投影〉

　あの東日本大震災から3年が過ぎました。死者1万5884人、行方不明者、2633人。家族を失ったり、原発事故の影響で帰れなくなったりした26万人以上が、いまもなお避難生活を余儀なくされています。午後2時46分のことは、今も鮮明に覚えています。あのころから、草花の種を蒔いたり、野菜の苗を植え付けるようになりました。

　同じ頃からか、工房が、団旗、国旗の掲揚をするようになったとおもいます。役割が決まっておらず、工房に頼まれたのが最初でした。稼働日で、雨が降らないとき以外は、空を見上げて、旗のあげさげを続けています。3本のポールのうち1本は、黄色い小旗をあげています。その理由を、何人かの方に聞かれたことがあります。山田洋次監督『幸福の黄色いハンカチ』（高倉健主演）のラストシーンを投影しています。

　毎年、春には小さな「こいのぼり」もあげます。道行く子どもたちにも、見てほしいのです。（平成26年3月20日）

〈木の村ときがわ町から〉

　ときがわ町は、埼玉県中部にある人口約1万3千人の町です。平成18年2月1日、比企郡玉川村と同郡都幾川村が合併し、ときがわ町となりました。町の多くは山地で、あちこちに、木工所が点在し、「木の村」としても知られています。ときがわ町大字西平も、つづら折りの細い山道をのぼった山地で、地域の方々は、山と共に地道な生活を営んでいるよう感じられます。そうした地域が、深谷市からも、そう遠くないところにあることに気づかされます。

　平成26年4月3日（木）、同町木工所勤務のＮさん（64歳）が、入院先の小川赤十字病院で、急性心不全のため、逝去されました。ご冥福をお祈りいたします。

　新しい年度を迎え、あわただしく、過ぎています。長く工房はなぞのを支

えてきたYさんが正規採用、嵐山郷勤務となりました。後任として、Iさんが採用されました。Bさんが男子1寮と工房の兼務として配属されました。よろしくお願いします。（平成26年4月21日）

〈ありのままとあるがまま〉

　先日、Disney映画『アナと雪の女王』（ディズニー創立90年記念作品）をみてきました。運命を引き裂かれた姉妹を主人公に、凍った心をとかす〝真実の愛〟を描いた感動のドラマチック・ミュージカル。雪の女王エルサ（松たか子）が歌う「Let It Go」はよかった。特に「ありのままの　姿みせるのよ　ありのままの　自分になるの　何も怖くないわ　風よ吹け　少しも寒くないわ」のフレーズは耳に残りました。

　ケースワークの原則の1つに受容（受けとめる）[6]があります。現にあるがままのクライエントを受けとめるということ。「ありのまま」と「あるがまま」がだぶって気になってしまいました。落合恵子著『母に歌う子守唄　その後　わたしの介護日誌』（朝日新聞社）「ありふれた八月の朝」[7]のところで、受容することの意味をとても分かりやすく説明していました。

　季節は新緑の頃を迎え、忙しい農繁期となりました。工房はなぞのは、「花少しいっぱい運動」を推進します。（平成26年5月20日）

〈草取りからリスクマネジメント〉

　平成26年6月5日、関東甲信、北陸地方は、平年より3日早く、梅雨入りした、と気象庁の発表がありました。そして、工房畑は、農繁期を迎えました。5月初旬から、毎日少しずつ開墾し、きれいになるまで約1ヵ月かかりました。畑には、野菜の苗を植え、草花の種をたくさん蒔きました。1ヵ月たつと、雑草がどんどん生えてきて、いつまでたっても追いかけっこ。草とりをしながら、リスクマネジメントのことを考えてしまいました。この小さな草も、やがては、大きなハザードになるのかとおもうと、今から刈り取ってしまおうと、おもうのです。畑を大きくすると、ハザードも広がり、人手も必要になります。元気な野菜を育てようとする過程に、草とりや追肥、水やりという作業があります。危機管理は、自然な営みの中にも存在し、続い

ているとおもうのでした。
　ところで、驚くべきことに、自宅からわずか約150㍍先、私のさんぽコースの1つに、ホタルの里があり、見ごろを迎えています。(平成26年6月20日)

〈パンパンは、バッド・バッド・ウイスキー〉
　「パンパンは？。今日、パンパンいる？」。利用者のKさんは、なぜか、私(筆者)のことをそう呼ぶのです。その謎がやっと解けました。お母さんによると、Kさんは、『吉田類の酒場放浪記』(ＢＳ－ＴＢＳのバラエティー番組)がお気に入りのようす。出演者の吉田類(イラストレーター・俳人)が、東京近郊を中心に日本各地の酒場をめぐる旅番組。店主やご常連との交流を楽しみながら酒場を紹介する。この番組に流れるテーマ曲の1つが「バッド・バッド・ウイスキー」(Bad,Bad Whiskey)。1950年、アメリカで発表された「エイモス・ミルバーン」の名曲。ミルバーンは、ピアノを弾きながら「バッド・バッド・ウイスキー」と連呼し、リズミカルに歌います。Kさんによると、この「バッド・バッド」→「パンパン」→「吉田類」→「吉田」→「パンパン」となるようです。
　「オレもこの番組よく観るよ」と、同利用者のSさんからも教えられました。(平成26年7月22日)

3　Ｂ面ニュースで論
　「Ｂ面」とう言葉は、今はレトロな感じがするが、あえて、ペーパーの両面を使うということで、「Ｂ面ニュースで論」とした。ニュースを論議したいという意味もある。

〈日テレ連ドラ、施設の子差別生む？ただの作り話？〉
　日本テレビ系のドラマ「明日、ママがいない」が論議を呼んでいる。施設で暮らす子どもたちへの差別や偏見につながるのか。フィクション＝作り物だと割り切ってみればいいのか。平成26年1月21日、全国児童養護施設協議会が会見を開き、「施設の子どもが学校で(ドラマを見た子から)『お前ももらわれていくのか』と言われた」と改めて抗議。施設の子どもたちの影響

について調査を始めた。日本テレビは「放送を中止する予定はない」と回答した[8]。

〈佐村河内氏の聴力再検査も〉
　別人による楽曲の代作が問題となっている佐村河内(さむらごうち)さん（50歳）が平成26年2月12日、謝罪文を出し、「約3年前から聴力が回復していた」と明らかにした。これを受け、障害者手帳を交付した横浜市は、本人に直接経緯を聞く方針を決めた。申請時に診察した医師への聞き取りや聴力の再検査も検討する。東京医療センターで難聴・言語障害を担当する加我君孝・東京大学名誉教授によると、2級は、電車が走るガード下にいても全く聞こえないレベルにあたる。「補聴器の効果が得られないほどの状態で、自然によくなることは考えられない」と話す。
　市によると、障害者手帳は、区役所の窓口で申請書と医師の診断書の提出を受け、市障害者更生相談所が書類審査したうえで等級を決めて交付するという。市の担当者は「書類に不審な点はなかった。専門医が診断しており、疑うこともなかった」と話した[9]。
　身体障害者障害程度等級表によると、聴覚障害2級は、両耳の聴力レベルがそれぞれ100デシベル以上のもの（両耳全ろう）[10]とある。

〈エコな花園公民館来月2日オープン太陽光発電を導入　深谷〉
　深谷市小前田に公民館と総合支所を併せ持つエコ設計の複合施設「深谷市花園生涯学習センター・花園公民館・花園総合支所」が完成した。平成25年12月2日のオープンを前に2日間にわたり内覧会が行われた。特徴は、自然採光、太陽光発電を取り入れた2階まで吹き抜けの約770平方㍍の体育館。誰もが使いやすいユニバーサルデザインに配慮し、開放的なエントランス、快適なロビーを備えている。
　1階には総合支所事務室と公民館事務室、児童室、調理実習室、小会議室、2階には二つの大会議室、和室などがある[11]。花園公民館まつりの会場となった。

〈ダウン症児外し入学写真〉
　長野県内の公立小学校で、今月初めの入学式で新入生の集合写真をめぐり、同校に通うことになった特別支援学校のダウン症児の男児が外れた写真と、加わった写真の2種類が撮影された。校長が男児の母親に対して提案した。校長は「配慮が不足していた」として男児の母親におわびした。
　茂木俊彦・桜美林大特任教授（障害児教育）の話。学校は、障害児も健常児も同じ地域の子どもとして交流を進め、「違いはあるけれど同じだ」と児童に教えていくべきなのに、かえって違いを際立ててしまった。仮に他の保護者から不安に思う声があったとしても、校長や教職員が理解を求めていくべきだった。校長は双方の保護者に配慮したつもりだったのだろうが、障害のある子は特別という見方を他の子たちに伝えてしまったかもしれない。教育現場でも、いまだに障害児への理解に温度差がある。問題が起こったらその都度、障害への理解を深めるよう対話し、指導していくべきだ[12]。

〈子ども33年連続減少　総人口の12.8%、世界最低水準〉
　15歳未満の子どもの数は1633万人（平成26年4月1日現在）で、昨年より16万人減ったと総務省が5月4日発表した。33年続けての減少。総人口に占める割合は12.8%と40年連続の下落で、世界でも最低水準だった[13]。
　都道府県別の子どもの割合で、最も高いのは沖縄（17.6%）で最も低いのは秋田（10.9%）だった。

〈社福、親族企業に利益〉
　特別養護老人ホームや保育園などを運営する社会福祉法人（社福）の一部が、理事長ら幹部の親族企業に建物管理などの仕事を優先して回していることがわかった。社福はお金儲けを目的にしてはいけないことになっており、本来は複数の企業を競わせる「入札」をして適正に取引先を選ばなければいけない。だが、こうした手続きがとられずに「ファミリー企業」にお金が流れ、自治体も監視できていない。
　社会福祉法人は、特別養護老人ホームから障害者施設、保育園まで幅広く福祉を担う。全国に2万法人近くあり、約16万カ所の福祉施設の半数近く

を運営する。公共性が高く、お金儲けを目的にしない「非営利団体」だ。だが、一部の法人で、理事長らが自分の利益のために社福を億単位で売却するなどの私物化の例が相次いでいる[14]。

〈社福法人の行く末を案じる　論壇　辻村泰範〉
　「あなたの法人は何か地域に貢献するような事業をやっていますか」と、突然見知らぬ人に問われると、「特に取り立てて言うほどのことは何もしていません」などと謙虚に答えると、いまどきの社会福祉はけしからんとくる。国家や地域への貢献が求められているのに応えていないのではないかと。自分の法人は、何もやっていなかったのだろうか。私財を投じ、事業に対する世間相応の対価を求めることもなく、社会に尽くしてきたつもりなのに、何という言われようだと、内心憤慨している人も少なくない。
　政府の規制改革会議では、社会福祉法人に対して社会貢献を罰則付きで義務付けるべきとの熱い論議がなされている。
　そもそも社会福祉法人は、社会福祉事業をおこなうことを目的としている法人だ。そして、その社会福祉事業こそが非課税扱いとされる事業だ。定義や原則もなく地域への貢献と称して非課税扱いされるわけではない。それぞれの法人が認可された定款に標榜している事業こそが非課税の対象なのだが、その本業にいそしんでいるだけではどうやら不満らしい。どこで、どうねじれたのか、社会福祉法人に国家に対する貢献を求める人たちもいるらしい。
　社会福祉事業が地域福祉を図る事業であることはいうまでもない。改めて何か地域に貢献する事業は、などと問われると、思わず戸惑ってしまうのである。国の社会政策や福祉の制度に基づいて、サービス提供体として機能を発揮しているのが社会福祉法人の側面であるとすれば、それは国家に対する貢献以外の何物でもない。
　それにしても今どき、国家に対する貢献などというアナクロニズムを持ち出す輩がいることも、それが社会保障制度改革を論じる報告書にまかり通っていることも解せない話だ。（社会福祉法人宝山寺福祉事業団理事長、奈良県生駒一市）[15]

編集後記

　機関紙工房だより『木のかおりと花のたね』は、第1号発行（平成23年）から3年以上経過し、平成26年7月22日で40号となった。今回は、第32号から第40号までの内容をとりまとめ整理した。掲載した記事を振り返ると、工房はなぞのが歩んできた道のりと利用者さんたちの表情がおもいだされる。できる限り継続することが課題なので、利用者さんや保護者さんに向けて、機関紙の発行を続けていきたいと考える。

　工房はなぞのでは、「花少しいっぱい運動」の一環として、施設内のあっち、こっちに百日草の苗をこっそり植え付けた。昨年とっておいた種を蒔いたらたくさんの芽が出た。百日草の花でいっぱいになるのを想像し、かってに楽しんでいる。

　これからもご批判、ご指導をよろしくお願いします。

【注】
1) 草の根福祉編集委員会編発『草の根福祉』（第43号）、2013年12月25日。112ページ～123ページ。
2) 江戸ワンダーランド日光江戸村、栃木県日光市柄倉470－2。
3) 第8回心の輪を広げる深谷市障害者文化作品展は、深谷市福祉健康まつりと同時開催として、深谷ビッグタートルで開催する予定となっていたが、台風の影響で日程と内容が変更となった。平成25年11月12日、13日にアリオ深谷1階センターコートを会場に開催された。
4) 深谷市花園生涯学習センター・花園公民館・花園総合支所が完成し、2013年12月2日、オープンした。敷地面積は、9265平方メートル。建物は鉄筋コンクリートと一部鉄骨造り2階建て、延べ床面積2727平方メートル。駐車場は87台。旧花園総合支所を取り壊し、市が総工費10億円で建設した。
5) F．P．バイステック著、田代不二男・村越芳男訳『ケースワークの原則－よりよき援助を与えるために－』（誠信書房）、1988年。
6) 前掲5）113ページ～146ページ。

7）落合恵子著『母に歌う子守唄その後わたしの介護日誌』（朝日新聞社）、73ページ～83ページ。
8）朝日新聞社「日テレ連ドラ、施設の子差別生む？ただの作り話？」朝日新聞、2014年1月22日付。
9）朝日新聞社「佐村河内氏の聴力再検査も」朝日新聞、2014年、2月13日付。
10）ミネルヴァ書房編集部編『社会福祉小六法』（ミネルヴァ書房）、2006年、489ページ。
11）埼玉新聞社「エコな花園公民館」埼玉新聞、2013年11月30日付。
12）朝日新聞社「ダウン症児外し入学写真」朝日新聞、2014年4月12日付。
13）朝日新聞社「子ども33年連続減少」朝日新聞、2014年5月5日付。
14）朝日新聞社「社福、親族企業に利益」朝日新聞、2014年6月2日付。
15）福祉新聞社「論壇　社会福祉法人の行く末を案じる」2014年4月4日付。

本稿は、草の根福祉編集委員会編『草の根福祉』（第44号）、2014年、87ページ～97ページを再編集した。

あの日、あの時

はじめに

　埼玉県社会福祉事業団花園工房はなぞの（通所：生活介護）では、機関紙「木のかおりと花のたね」を利用者さん、保護者さんらを対象に毎月発行している。これまで第1号発行から適宜振り返り、まとめる作業をおこなってきた。今回は、第41号〜第49号の内容をまとめ整理する。

　編著者の異動により、「木のかおりと花のたね」の編集シリーズは、今回で最終になるとおもうが、これまでに報告した内容は、どこかで一体化したいと考える。そうすることによって、工房はなぞのの歴史の一場面を記録として残してしておきたい。

1　『あの日、あの時』のコーナー

　平成26年度工房はなぞのの利用者さんの日々のドキュメントを『あの日、あの時』のコーナーとして紹介する。

▼平成26年7月24日（木）、工房はなぞのは、彩の国ボランティア体験プログラムとして、小学生13名を受入れました。木工教室では、花台づくりをおこないました。皆さん協力して、がんばって取り組んでいました。完成した作品は、お持ち帰りとしました。小学生の中には、元花園職員のお孫さんも参加されていました。ボランティアさんのご協力ありがとうございました。

▼この夏、工房の大地は、ヒマワリと百日草と草でいっぱいになりました。トマト、ナス、きゅうり、ゴーヤ、なども収穫できました。花園施設のあちこちに百日草の苗をこっそり植え付けました。つぼみとなって、花が咲くの

をかってに楽しんでいます。

▼平成26年8月22日、サマースクールが開催（フラワーヴィラ、花園、深谷市社協）されました。中学生38名、関係者10名の計48名の参加者がありました。工房では、木工教室をおこない小さいおぼんを作成し、お持ち帰りとしました。個人ボランティアさん、ありがとうございました。

▼夏、グリーンカーテンとして、マクワウリの苗を数本植え付けました。結果、1本生存し1個の実がなりました。食べてみるとメロン風な味がしました。今中高年の人たちは、子どもの頃「これがメロンだ」と言われて、よろこんで食べていたそうです。

▼ある日、女子棟の利用者さんと職員が三輪車、自転車にのって、遊んでいました。

▼平成26年9月27日(土)、K園祭に参加販売しました。バンド演奏やふなっしーのパフォーマンスなどを見学しました。ふなっしーさんは、大変おつかれのようでした。売上も好調。

▼平成26年10月11日（土）〜12日（日）、道の駅はなぞのアルエット祭りの販売に参加しました。1日目は、天気がよく暖かい日でした。2日目は、曇り空。山車とおはやしとふっかちゃんで盛り上がっていました。ボランティアさん、実習生さん、皆さんおつかれさまでした。おかげさまで、売り上げは、絶好調でした。

▼百日草あっち、こっち作戦の結果、まだまだたくさんのお花が咲いています。工房のグリーンカーテンも健在です。

▼平成26年10月25日（土）〜26日（日）、ビッグタートルで深谷市福祉健康まつりが開催され、出店しました。両日、お力添えをいただいた保護者さ

ん、個人ボランティアさん、実習生の皆さん、ありがとうございました。

▼平成26年11月5日（水）、地域支援日帰り旅行で、茨城県那珂湊へ行ってきました。当日は、曇り空で、大洗海岸の波は荒く、冷たい風が吹いていました。昼食は、ヤマサ水産で、海鮮丼かミックスフライ定食を堪能しました。おさかな市場を散策し、大洗のめんたいパークかねふくで試食と買物をしました。市場で見た、生さんま1箱2,300円（1尾100円程度）は、気になりました。楽しい1日でした。

▼平成26年12月6日（土）〜7日（日）、花園公民館まつりが開催されました。同まつりは、作品展示の部と芸能発表の部があって、工房はなぞのは、作品展示の部に展示しました。両日は良い天気となり、多くの方々の見学がありました。工房でつくった木工クリスマスツリーも展示しました。青空に向けると、飾り付けたビー玉がピカピカしていました。

▼冬の工房畑には、赤と白のハボタンが根付きました。皇帝ダリヤの紫の花は、咲き終えました。冬になっても、グリーンカーテンのパッションフルーツは、ガンバッテいます。いよいよ今年もあと少しとなりました。よい年をお迎えください。来年もどうぞよろしくお願いします。

▼平成26年12月24日（水）、工房はなぞのは、クリスマスメニュー。午後の休憩時間、利用者さん1人ひとり、三角帽子やお面、トナカイの角などの装飾をつけ、ケーキと飲み物をいただきました。プラス、長ぐつお菓子もプレゼント。お持ち帰りとしました。楽しいイブを過ごしました。

▼工房のイメージキャラクター第2弾「ひめづくちゃん」の看板をつくりました。元祖「大王みみじろう」とともに、よろしくお願いします。

▼平成27年1月19日(月)、共同生活援助と通所の新年会を館乃川本総本店でおこないました。利用者さん、世話人さん、職員23名の参加がありました。飲み放題、ビンゴゲームしました。楽しく過ごしました。

▼平成27年2月6日(土)、「工房はなぞの」の看板を玄関にとりつけました。同じく「生活介護Ⅱ(通所)」の看板もできました。字体は、利用者のWさんのフォントです。Wさんは、他にもたくさんの作品があります。

▼平成27年2月10日朝、工房畑のハクモクレンが芽吹いていました。白木蓮は、モクレンの仲間で、しばしばモクレンと混同されます。春には、葉に先立って白色の花が咲きます。春よ来い。

▼平成27年2月23日(月)の午前、短期入所のAさんから「ねーねー、ナニしてんの?」といわれたけど、皆さんも何しているのかとおもったら、グラウンドで女子棟のおねえさんたちが楽しそうにダンスを踊っていました。

▼吊るし雛飾り用木工製品を納品して、間もない2月末日のこと。日高市の高麗郷古民家(旧新井家住宅・国登録有形文化財)では、雛人形と吊るし雛飾りが展示公開されていました。とてもきれいで、幻想的でした。

▼利用者のTさん手作りのこいのぼりの向こう側に、Nさんの笑顔がチラリと見えました。春になったら、また、たくさんのこいのぼりをあげましょう。今年度もよろしくおねがいします。

▼平成27年2月24日(火)、ヒノキのご注文をいただいたSさんからお礼のメールがありました。とても楽しいおひるねアートも添付されていました。ありがとうございました。

▼平成27年3月6日（金）午前、ひなまつりコンサート（深谷市社協、花園保育園、花園第2保育園、花園）が開催されました。40名の元気な年長児さんが、大型バスでやってきて、歌とお遊戯の催しをおこないました。相互に交流し、プレゼントの交換もしました。社協花園支会長さんから、たくさんのDVDをいただきました。ホームシアターが楽しみです。

▼工房畑に黄色い菜の花が咲きました。たくさん花のタネをまきましょう。

2　コラムのココロ
〈ぽてとの会（利用者さんとの話し合い）の由来〉

　「ぽてとの由来を、ぜひ教えてください」。つい先日、ある職員からのコメントに、気がつきました。工房はなぞのの、利用者さんとの話し合いの名称は「ぽてとの会」といいます。その由来は、「ポテトでも食べながら皆で楽しく話し合いましょう」という意味があります。呼び名が長いので、皆で考えました。例えば、えがおの会、やさしくする会、じゃがいもの会、ぽっくりの会、ねっこの会、ひまわりの会、どんぐりの会、など。たくさんの良い意見がありました。が、多数決で、「ぽてとの会」と決まりました。ときどき、工房では、皆でドライブに行って、フードコーナーでドリンクを飲みながら、よくポテトフライを食べていました。私たちは、工房がより良くなるよう皆で話し合います。そこでは、おとなしい利用者さんも職員（常勤、契約）も自分の意見を言っていただきます。1人ひとりの意見を聴きます。どんな意見でも非難はしません。誰でも、主役になります。「こんどは、いつやるの？」。利用者さんは、ぽてとの会を楽しみにしています。（平成26年8月22日）

〈『隠れた花』を読んで〉

　先日、パール・バック著・小林政子訳『隠れた花』（国書刊行会）、2014年発行[1]、を読み終えました。主人公がかわいそうで、しばらく読後感が残っていました。敗戦後の日本、米軍進駐軍が占領していた時代。将校（アレン・ケネディ）と日本人女性、堺如水（サカイ・ジョスイ）との恋愛、結婚を取り上げた小説。当時、日本での国際結婚、恋愛は、不幸な結果をもたらすこ

とが多かった。生まれた混血児は、父親からも、母親からも見放される。歴史のおとし子といわれました。そうした混血児救済に取り組んだのが沢田美喜氏（岩崎弥太郎の孫娘）であり、パール・バック女史自身でした。女史と沢田氏は交流があり、女史が、来日したとき（昭和35年5月29日）、施設「エリザベス・サンダース・ホーム」を訪ねています。そのとき、ニューヨークからの国際電話で、御主人（ウォルシュ）が亡くなられた悲報が入ります。女史の眼から吹き出すように涙がこぼれ落ちました。（平成26年9月20日）

〈障害者虐待の現場から〉

　平成26年9月30日（火）、埼玉会館で埼玉県障害者虐待防止・権利擁護研修（共通講義）[2]が開催され、行ってきました。市町村の職員、障害者支援施設等の従事者、施設利用者及び家族の方など、大勢の参加者がありました。特に私は、「障害者虐待現場から」毎日新聞社論説委員の野沢和弘氏の講演は良かった。新聞記者として、現場を取材し報道し続けてきた経験から障害者虐待の実態をリアルに語ってくれました。水戸アカス事件、サングループ事件、白川育成園事件、カリタスの家事件、など。障害者の人権が奪われた悲惨な事件でした。野沢氏には、障害（自閉症）のある子がいます。子どもとのやりとりをコミカルに話してくれました。

　著書は『あの夜、君が泣いたわけ』（中央法規）、『条例のある街』（ぶどう社）『わかりやすさの本質』（NHK出版）、など、その他。（平成26年10月24日）

〈心の窓〉

　人の心には、4つの窓があると提唱したのが、サンフランシスコ州立大学のジョセフ・ルフトと、ハリー・インガムの2人の心理学者。この理論は2人の名前をとって、「ジョハリの窓」と名付けられました。「あなた自身でわかっている部分とわかっていない部分」、「他人がわかっている部分とわかっていない部分」があるとして、4つ窓を想定しました。①盲点の窓は、「他人は気づいていて、あなた自身は、わかっていないあなた」。②秘密の窓は、「自分はよく知っているが、他人に隠しているあなた」。③開放の窓は、「自分も他人もよく知っているあなた」。④未知の窓は、「他人そして自分さえも知ら

ないあなた」。この未知の窓に気付くと、未来に向けた新しい発見につながります。それには、将来のビジョンをもつこと。そのビジョンには、本当に自分でやりたいことがあること。その想いが人生を変えていく[3]。(平成26年11月21日)

〈子どもの声は騒音なのか〉

　子どもの声は騒音ですか[4)5)]。待機児童解消のため保育所の新設が進む都心部では、子どもの声がうるさいと、トラブルが増えています。住民の苦情で、保育所の整備が滞ったり、訴訟に発展した例もあります。保育所によっては、苦情のため、園庭を防音壁で囲ったり、庭で遊ぶ時間を制限したり、窓を二重サッシにしたりして、対応しています。地域住民にとってみれば、静かに暮らす環境を守りたい。保育所は必要だが、自分の地域では、困るということなのでしょうか。都環境確保条例の規定は、「何人も規制基準を超える騒音を発生させてはならない」というもの。子どもの声を工場などの騒音と同じに扱うのはおかしいと、条例を改正する動きもあります。保育所と地域が行事を通して歩み寄る例も報道されました。

　私の子どもの頃は、地域に保育所も、幼稚園も、学童保育も、塾もなく、お金もなかったので、小学校入学まで野放し状態でした。近所で子どもの声がするのは、当たり前の世の中でした。(平成26年12月22日)

〈いとしのまる子ちゃん〉

　平成26年12月6日(土)、花園公民館まつりの朝、花園から準備に向かう途中、ある家の玄関先で、小犬に出会いました。「あなた、かわいいね」と、手をだしても吠えません。数日後、同じ道を通ると、あの犬と飼い主さんが遊んでいるのを発見。飼い主さんによると、「名前は、まる子といいます。あのマンガの子と同じ名前。ビーグル犬(メス)。遊びたくて、しょうがないんです」、それから気になって、散歩の帰りなどで、まる子ちゃんに会うのが楽しみとなりました。

　ビーグル(Beagle)を調べてみると、原産国は、イギリス。歴史的には、ウサギ狩に用いられたとあります。決して足は速くないが、豊富な体力と獲

物を追いながら泣き続ける習性があって、狩猟にむいていたとおもわれます。ちなみに、あの有名なキャラクター「スヌーピー」のモデルは、ビーグル犬でした。動物と触れ合うことで、けっこう癒されることがあります。アニマルセラピーを考えてしまいました。（平成27年1月22日）

〈『中村久子伝』生きること、生かされること〉
　平成27年2月18日（水）、深谷市花園文化会館アドニスで、第9回深谷市社会福祉大会（深谷市社会福祉協議会主催）が開催され、参加しました。表彰式典と講演会がありました。深谷市長小島進氏は、元気に挨拶をしていました。講演会は、一龍齋春水、講談師・声優による『中村久子伝』～生きること、生かされること～。「中村久子」[6]は、明治から昭和期の興行芸人、作家。両手・両足の切断にも拘わらず自立した生活を送った女性として知られる。久子は、見世物小屋で働きながら結婚し、子どもを育て生きぬいた。その波乱に満ちた人生の語りを聴きました。とてもよかった。一方、一龍齋春水氏の人物像もおもしろい。人間国宝・一龍齋貞水（講談師）門下で、初めて誕生した女性の真打ち。もう1つの顔は、声優（麻上洋子）。アニメ「宇宙戦艦ヤマト」のヒロイン（森雪）や「シティーハンター」（野上冴子）役など、その他多くの声を演じています。甘く包まれるような声質でした。（平成27年3月23日）

〈帽子をかぶったダウン症の女の子〉
　「JR休日おでかけパス」で、横須賀へ行った帰りのこと。ホームに直接座って電車を待つ、帽子をかぶったダウン症の女の子。お母さんと車いすを押す女性3人。女の子は、車いすを拒否。すぐにしゃがんでしまい、電車の乗り降りが大変。2人で抱えて、下逗子駅でやっと下車。おつかれさまでした。ダウン症候群は、かつて、「蒙古症」といわれていました。21番染色体のトリソミー（通常の二本ではなく、3本1組の染色体）に起因することが、レジューヌによって、報告されました。1965年には、WHOにより「Down syndrome」（ダウン症候群）が正式名称となりました（ラングドン・ダウン医師）[7]。ダウン症候群を調べてみると、「人なつっこい」。「耳垢がたまりや

すく、中耳炎になりやすい」。「皮膚が乾燥しやすい」。「四肢が短く、関節可動域が大きい」。「歯の発育が不完全」。「ストレスで脱毛や、胃・十二指腸潰瘍になりやすい」[8]。など、さまざまな特徴があげられていました。なるほど。おもいあたるのでした。（平成27年4月20日）

3　木工のつぶやき

　機関紙のB面に木工に関するコーナーとして、新たに『木工のつぶやき』を創設した。これまで受注したユニークな木工製品と若干のコメントを紹介する。

〈シェパードの犬小屋〉

F市のTさんから犬小屋の注文ありました。ヒノキ製でH 110mm×W 110mm×D 90mm、床下高200mmで、窓付。緑色の屋根にオレンジ色の壁にペイントする。今、愛犬のシェパードは、訓練のため学校に行っている。立派な犬小屋が完成します。軽トラで納品します。

〈吊るし雛飾り〉

栄養士さんからの紹介で、Oさんから、「吊るし雛飾り」の注文をいただきました。棒を差し込んだ独特なカタチが適しているようです。水性の合成樹脂塗料黒色で塗装しました。子どもの成長と健康を願い、みんなで少しずつ小さな人形をつくり持ち寄って、吊るし雛がつくられたといわれています。どうかこの子に災いが降りかかりませんように。

〈踏み台〉

　毎月のクローバーの会では、花園～秩父線小前田駅間、保護者さんの送迎をおこなっています。マイクロバスへの乗り降りを心配して、踏み台をつくっていただきました。大変好評で、保護者さんからは、「助かっています」という声をお聞きしました。製作者の後藤さん、ありがとうございます。踏み台は、マイクロバスとワンボックス車に常備します。ご自由にご利用ください。

4　B面ニュースで論

　ニュースを論議したいという意味をもって、その時どきのタイムリーな記事を取り上げた。

〈豪の夫婦ダウン症男児引き取りに拒否　国際的代理出産に一石〉

　タイ人女性に代理出産を依頼したオーストラリア人夫妻が、ダウン症の男児の引き取りを拒否したとされる問題で、国際的な関心を呼んでいる。「男児は自分で育てるとする女性に同情が寄せられ、治療費として約1900万円の募金も集まった。オーストラリアのアボット首相は、国際的な代理出産の「落とし穴」として指摘。問題をきっかけに代理出産の在り方をめぐる論議も高まっている。「男児を手放すことはありません」。夫妻の依頼で代理母となったパッタラモン・チャンブアさん（21歳）は、タイ東部チョンブリ県の病院で会見し、はっきりと語った。

　オーストラリアやタイのメディアによると、夫婦はパッタラモンさんに約130万円の報酬で代理出産を依頼。パッタラモンさんはタイの病院で男女の双子を出産した。妊娠7カ月の段階で、男児がダウン症と判明した。タイメディアによると、パッタラモンさんは仲介業者から中絶を求められたが拒否。夫婦は男児の引き取りを拒み、女児だけを連れて帰国した。夫妻側はオーストラリアのメディアに「『男児に先天性の心疾患があり、あと1日しか生きられない』と聞かされ、女児だけを引き取った」「ダウン症のことは聞いておらず、中絶も依頼していない」と説明し、引き取りを拒否したことはないと主張する。

　一連の動きは、世界的な注目を浴び、あらためて問題提起したかたちとなっ

た。オーストラリアでは、全ての州で、謝礼を伴う代理出産を禁止。ただ、一部州では海外での実施が認められており、規制の緩いタイやインドなどで代理出産をしてもらうカップルが多いという。日本では、国内での代理出産は事実上困難で、希望者は、オーストラリア同様、タイなどに渡航するケースが多い。オーストラリアの地元では、今回のケースで明らかになったのは国際的な代理出産がはらむ「危険」と「不公平さ」だと指摘。「守られるべきは、最も弱い代理母と子ども」だと訴えた[9]。

〈障害者施設男性職員　利用者殴り停職処分　さいたまの「春光園けやき」〉
　さいたま市社会福祉事業団が運営する障害者施設「春光園けやき」(見沼区宮ケ谷塔1丁目)で、30歳代の男性職員が、利用者の障害者の男性(18歳)を殴ってけがをさせていたことが分かった。同事業団は、この職員を停職処分とした。
　同事業団によると、7月30日に「けやき」のトイレ内で職員が男性の顔をこぶしで2回殴り、男性は口にけがをした。職員が頼んだことを男性がやらなかったことに、腹を立てたという。職員は、「思いが伝わらず、カッとなってしまった」と話しているという。殴られた男性は、事件後、ほかの施設に移った。
　8月5日に市障害福祉課に男性の家族から連絡が入り、翌日、同事業団が市に報告。これを受け、市は、事業団を口頭で注意するとともに、再発防止や職員の処分を求めた。
同事業団は、問題の職員を停職とするとともに、常任理事と事務局長を文書注意、園長を減給、所長を戒告処分とした。事件の経緯と処分内容は、8月29日にホームページに掲載した。同事業団船戸均事務局長は「福祉施設としてあってはならないこと。再発防止と信頼回復に努める」と話した[10]。

社会福祉法人　さいたま市社会福祉事業団の概要
　さいたま市社会福祉事業団は、平成13年8月1日設立。主な事業内容は、高齢者、障害児者、児童を対象に、108カ所170事業(指定管理施設132)を運営しています。

運営組織は、理事12名、監事2名、評議員25名で、職員数は合計919名（平成25年3月1日現在）です。事務局は、さいたま市大宮ふれあい福祉センター内にあります。
平成13年5月1日、浦和市、大宮市、与野市の3市合併により、さいたま市が誕生しました。それにともない、旧大宮市社会福祉事業団と旧浦和市社会福祉事業団も一緒になり、さいたま市社会福祉事業団となりました[11]。今は、県の社会福祉事業団よりも大きな組織になっています。

〈役員報酬を透明化　社会福祉法人の私物化対策　厚生労働省方針〉
　社会福祉法人の一部で役員らによる「私物化」が指摘されている問題で、厚生労働省は、19日、対応策を公表した。役員報酬を勝手に決められないよう支給基準を定め、ファミリー企業との取引の公開範囲を広げる。来年の通常国会で改正法案を提出する方針だ。
　社会福祉法人は、特別養護老人ホームや保育所などを運営する非営利団体だ。個人所有ができない一方、税制で優遇され、施設整備に補助金も出ている。だが、一部で理事長らへの高額な報酬支払いや、親族企業に仕事を回す「ファミリービジネス」といった、お金をめぐる不透明な問題に批判が出ていた。
　この日、社会保障審議会（厚労省の諮問機関）の部会で厚労省が対策を示した。役員報酬については、高額になりすぎないよう、各法人が支給基準を定めて公表することを義務づけることにした。今は理事自らが決めている報酬額についても、第三者の「評議委員会」が決めるよう改める。親族など関係者への特別な利益供与を禁止する。取引する場合は、公表を義務づける年間取引額を「1千万円超」から「100万円超」に引き下げ、透明性の確保を図る[12]。

〈事業者公募スタート　深谷・花園アウトレット　18年春開業目標〉
　深谷市は平成26年10月31日から関越道花園インターチェンジ付近に整備する「花園ＩＣ拠点整備プロジェクト」のアウトレットモールを誘致する民間ゾーン（17～18ヘクタール）と、市内産の農産物販売などに活用する

公共ゾーン（7 ～ 8 ヘクタール）で構成する予定。
　今回は民間ゾーンに出店する事業者の公募で、市が土地所有者から借地した後、事業者に転貸する。賃貸借期間は20年以上とし、1万平方メートル以上のアウトレットモールを核とした施設を建てることが条件となる15年3月に優先協議者を決めて基本協定を締結、16年度までに事業契約の締結を予定している。造成費などの事業費は当初36億円程度だったが、物価高騰や消費税率の引き上げなどの経済情勢を踏まえて再検討している。市は、年間650万人の来場者と1500人の新規雇用を見込み、税収増や土地貸料などで20年後で負担金を改修できると試算している[13]。

〈障害者虐待2千人超　13年度厚労省調査　埼玉は家庭、施設で68件〉
　家族や福祉施設職員らから暴行や暴言、放置などの虐待を受けた障害者が2013年度に全国で2266人に上り、うち3人が死亡したことが厚生労働省の調査で分かった。職場でも障害者393人が虐待を受けたと厚労省が7月に発表しており、計2659人になる。家庭での虐待被害が約7割を占めた。社会保障審議会の障害者部会で明らかにした。障害者虐待防止法に基づく調査で、12年度に続き2回目。前回は半年間の集計で、家族、施設などの職員から1505人が被害を受けた。1年間の調査は初めてとなる。
　親や兄弟姉妹などによる家庭の虐待176件、被害者は1811人。福祉施設や自宅での生活支援サービスの職員などによる虐待が263件、被害者は455人だった。1人が複数の障害者を虐待した例もある。
　被害者の内訳は、知的障害者1280人、精神障害716人、身体障害601人など。複数の障害がある人も含まれる。
　家庭での虐待は、暴行や拘束などの「身体的虐待」が1116件で最多。「心理的虐待」が558件、お金を渡さないなどの「経済的虐待」が449件と続いた。複数の虐待を受けたケースもあった。
　虐待した人は50歳以上が過半数を占めた。厚労省は、「長年のストレスなどで子どもを虐待する高齢の親が多いとみられる」としている。
　死亡事例は、家庭で虐待を受けた人が2人、施設で受けた人が1人。家庭での虐待を都道府県別にみると、大阪の297件が最多で、愛知129件、神奈

川114件、東京110件と続いた。埼玉では家庭での虐待が65件、施設での虐待が3件だった[14]。

〈はじめてのピケティ〉
　潮が満ちて水面の高さが上がれば、小さい船も大きい船も同じように上へ持ち上げられる。これまでの主流の経済学では、そんな上げ潮のように、経済全体が成長すれば、恩恵が広く行き渡って、所得の格差は自然と小さくなっていくと考えられてきた。
　この通説に異論を唱えたのがピケティ氏の『21世紀の資本』[15]だ。10年以上かけて、世界各国の最大200年以上にわたる税金の記録を調査。データを基に、資本主義経済では、20世紀の2度の世界大戦と戦後の高度経済成長の時期を除いて、格差はむしろ拡大していることを示した。では、なぜ格差は広がっていくのだろう？。ピケティ氏がその理由に挙げるのは、富裕層の持つ株や土地を運用して資産が増えるペースの方が、労働者の給料が経済成長に伴って増えるペースよりも速いから。その関係を「$r＞g$（資本収益率は経済成長率を上回る）」という式で表現する。この理論によれば、資本主義で資本を持つ人がますます富み、放っておくと格差が広がる。そこで、資産を多く持つ人ほど、多くの税金を納める「資産への累積課税性」を導入するよう提言する。
　評論家の荻上チキさんによると、「抽象的な論議をこねくり回すのではなく、具体的なデータを示して論証しているので、話について行きやすい。批判もありますが、読者があるべき未来の姿を想像したらいいとおもいます」[16]という。

〈哲学のモノサシ〉
　人間はモノサシである。ものごとや、他人や自分に対して、いろいろなモノサシをあてている。すき・きらい・きれい・ほんとう・うそ・よい・わるい・きたない、というふうに。
わたしたちが生きていけるのはモノサシがあるから。何がよくて何が悪いのか。何がすきで何がきらいかよくわからなくなったら、生きている実感さえなくしてしまう。

でも、そのモノサシが、自分で生きることをかえって邪魔することもある。じぶんをじぶんのモノサシで痛めつけたり裁いたり。他人のちょっとしたことを裁いたり。あなたのモノサシは、じぶんと他人を愛するために役立つモノサシになっているだろうか。
　哲学は宗教とちがって、「唯一絶対のただしいモノサシ」を与えてくれない。そのかわり、「モノサシをつくりだして生きている人間」について考える。そのことをとおして、一人ひとりがじぶんのモノサシを点検・修正する力を鍛えること。哲学とはそういう営みなのだ[17]。
　福祉にも哲学が必要と、おもうのです。

編集後記

　ごあいさつ
　機関紙工房だより「木のかおりと花のたね」は、今回で第49号となりました。紙面の一部をお借りして、一言ごあいさつを申し上げます。
　このたびの人事異動で、あすなろ学園（北本市）へ異動することとなりました。6年間、大変お世話になりました。ありがとうございました。
　春になったらタネまきをしてください。そこに、タネがたくさんありますから。そしてまた、花少しいっぱいにしてください。みなさま、ゴキゲンヨウ。（吉田博行）

　機関紙の編著者が異動となりました。これまで愛読していただいた関係者の皆さん、作成に協力していただいた職員の皆さん、ありがとうございました。機関紙工房だよりは、年月とともに成長してきました。編集と発行は、後任の方にお任せします。関係者の声を聴きながら、継続されることを希望します。

【注】
1) パール・バック著、小林政子訳『隠れた花』(国書刊行会)、2014年。
2) 埼玉県、埼玉県社会福祉法人埼玉県社会福祉協議会『平成26年度埼玉県障害者虐待防止・権利擁護研修（共通講義）』2015年。
3) 久瑠あさ美著『ジョハリの窓　人間関係がよくなる心の法則』(朝日出版社)、2012年。
4) 朝日新聞社「子どもの声迷惑か」朝日新聞、2015年1月17日付。
5) 朝日新聞社「子どもの声迷惑ですか」朝日新聞、2015年1月25日付。
6) 中村久子著『中村久子自伝　こころの手足』(春秋社)、2014年。
7) デイヴィッド・ライト著『ダウン症の歴史』(明石書店)、2015年。
8) 建川博之編『ダウン症候群—研究と実践—』(財団法人日本児童福祉協会)、1973年、28ページ～32ページ。
9) 新潟日報社「豪の夫婦ダウン症男児引き取り拒否　国際的代理出産に一石」新潟日報、2014年8月7日付。
10) 朝日新聞社「障害者施設男性職員利用者殴り停職処分」朝日新聞、2014年、9月8日付。
11) 社会福祉法人さいたま市社会福祉事業団「パンフレット」平成25年4月1日。
12) 朝日新聞社「役員報酬を透明化　社会福祉法人の私物化」朝日新聞、2014年12月20日付。
13) 読売新聞社「事業者公募スタート深谷・花園アウトレット」読売新聞、2014年11月6日付。
14) 埼玉新聞社「障害者虐待2千人超」埼玉新聞、2014年11月26日付。
15) トマ・ピケティ著、山形浩生・守岡桜・森本正史訳『21世紀の資本』(みすず書房)、2015年1月15日第7版発行。
16) 朝日新聞社「はじめてのピケティ」朝日新聞、2015年2月23日付。
17) 西　研（著）、川村　易（絵）『哲学のモノサシ』(日本放送出版協会)、1996年。1ページ。

本稿は、草の根福祉編集委員会編『草の根福祉』(第45号)、2015年、135ページ～146ページに掲載された。

工房はなぞののモットーと幸福感

はじめに

　さわやかな風が吹き抜けたような6日間だった。国賓として来日したブータンのワンチュク国王（31歳）とジェツン・ペマ王妃（21歳）が2011（平成23）年11月20日に帰国した。東日本大震災の被災地を訪れて鎮魂の祈りをささげ、各地の人々と交流した。いつも微笑を絶やさない夫婦の姿は鮮やかな印象を残した。各メディアは大きく取り上げ、久々の心温まるニュースに沸いた。国民のブータンへの関心も一挙に深まった。国会では「われわれブータン人は共にある」と連帯を訴え、被災地の福島県相馬市の市立桜丘小学校では、経験を積み重ねて強くなっていくことの大切さを語りかけた。相手に寄り添いながら、思いをきちんと届かせる態度が共感を呼んだ[1]。今、ブータンは、秘境の国[2]から幸福の国として注目される。

　東日本大震災から約1年を経過した。「絆」という言葉が多くの人に語られるようになった。助け合い、つながり、愛情、支え合い、などの言い様がイメージされる。

　さて、障害者支援施設等の現場においては、「土曜会」「日曜会」などと称し、職員と利用者さんとの話し合いを定期的に行い、当事者の声を支援に反映するよう努めている。本稿は、工房はなぞの（障害者支援施設：生活介護Ⅱ通所）における利用者さんと職員の話し合いの実践記録を整理して報告したい。

1　花園と工房はなぞのの概要

　関越自動車道「花園インター」といえば、渋滞する箇所として有名である。かつて、花園町は、埼玉県の北西部、都心から約70km に位置し、東西7.1km、南北4.1km、総面積15.82k㎡の町で、人口約1万3千人の人たちが暮らしていた。遥かに赤城山、浅間山、秩父連山等を望み、町内には、国道140号、254号が交わり、秩父鉄道とJR八高線が走っている。産業は、自然環境を背景とした農業、造園業、畜産、などが盛んで、野菜、草木などの多くが栽培される。花園町の前身、花園村は、1889（明治22）年、武蔵野村、

小前田村、荒川村、黒田村、永田村、北根村の6村が合併し、村名は、戦国時代にこの付近一帯を領有した藤田康邦の古城「花園城」の名にちなんでつけられた。1983（昭和58）年6月1日、県内37番目の町として町制施行し、2003（平成15）年には、20周年を迎えた[3]。その後、2006（平成18）年、深谷市、岡部町、川本町、花園町の1市、3町が合併し、新市「深谷市」となった。

埼玉県社会福祉事業団花園（以下、花園と称する）の沿革をみると、1963（昭和38）年11月、財団法人埼玉県精神薄弱者福祉会運営による「花園学園」精神薄弱者施設が開所された。翌年1月には、「花園児童学園」精神薄弱児施設開設。後、1972（昭和47）年11月、社会福祉法人埼玉県社会福祉事業団に運営が移管された。1991（平成3）年3月、女子棟が新築され、2001（平成13）年12月、アパートメント花園（グループホーム）開設（定員4人）。翌年には、定員7人となった。2005（平成17）年4月からは、埼玉県社会福祉事業団自主経営施設となり、入所定員は、成人90人、児童30人とした。同年、知的障害者通所授産施設「工房はなぞの」（定員20人）が開設された。翌2006（平成18）年2月、グループホーム小前田（定員4人）が開設された。翌2007（平成19）年3月、男子棟新築、通所授産施設改築され、同年4月、知的障害児施設、知的障害者施設、知的障害者通所授産施設を総称し、施設名「花園」となった[4]。2011（平成23）年4月、障害者自立支援法に基づき、障害者支援施設（生活介護110人、施設入所支援90人）へ移行し、2012（平成24）年4月からは、障害者支援施設、福祉型児童入所施設として運営している。

工房はなぞのは、2005（平成17）年4月から2011（平成23）年3月の6年間は、知的障害者通所授産施設を経て、2012（平成24）年4月からは、障害者支援施設の生活介護Ⅱ（通所）として運営している。4月現在、定員20人（現員14人）、最高年齢65歳、最低年齢21歳、平均年齢41歳（男性8人、女性6人）。障害程度区分は、区分6（1人）、区分5（3人）、区分4（4人）、区分3（4人）、区分2（2人）である[5]。

工房はなぞのから虹を見た　2012年6月　筆者撮影

2 利用者さんとの話し合い実践レビュー

2011(平成23)年度、工房はなぞのでは、「利用者さんとの話し合い」と称して、利用者さんと職員間で気楽に話し合える場を設定し、実践してきた。その経過をリアルに記述する。

(1) 工房のモットーをつくる

2011(平成23)年9月2日(金)13：30～14：30工房食堂にて、利用者13名、職員3名。

Y職員「今年度から生活介護になりました。木工作業以外に環境整備や、畑作業にも取り組み始めました。皆さんが仲良く、より良く工房で過ごせるよう皆で考え、話し合いをしたいと思います。」

Aさん「ケンカが少なくなった。前より良くなった。」

Bさん「たまには散歩がしたい。」

Jさん「サンダ（電動研磨機）がしたい。」

Lさん「皆と仲良くしたい。」

Kさん「お勉強がしたい。」

Cさん「ほかの作業所などに見学に行きたい。」

Gさん「皆で仲良くやっていきたい。」

Nさん「良い子にして、散歩などに行きたい。」

Dさん「工房には、必要な荷物だけ持ってきてください。」

Iさん→言葉は出なかった。表情は笑っていた。

職員「工房はどうですか？」Hさん→「まあまあ。」

職員「体調はどうですか？」Eさん→「やだ。」グループホームのある方向を指さす。休みたい様子。

職員「工房はどうですか？」Mさん→「うん。」と、うなずいていた。

X副支援員「私は、工房に来て、4年目になる。以前は職員が少なく、作業も大変だったが、今は落ち着いてきたと思う。さらにより良く過ごすために、イライラすることがあっても、皆で思いやりを持って接していけるといいと思う。」

Z副支援員「まだ、工房に入ったばかりですが、みていると時どき、いじ

めのようなことがあるので、なくなってほしい。」
　Y職員「人にやさしくする。暴力はしない。いじめない、手は出さないこと。暴力は、力によるものだけではなく、言葉でも人を傷つけることがあるので、自分が言われて嫌なことは人に言わない。人の迷惑になることはしないこと。1人ひとりを大切にしましょう。職員は相談に応じます。記録に残し、園に報告します。場合によっては、保護者さん、市町村にも報告します。職員は安心・安全なサービスを提供しますので、皆さんも、職員のいうことを守って、協力してください。今回話した内容を紙にまとめたいと思います。」
　Nさん「無断で出ることは良くないと思っている。」
　物を壊すこと。→Lさん「良くない。」
　1人ひとりを大切にする。→Gさん「同感です。」
　職員の言うことは守る。→Aさん「はい。」Jさん「いいですよ。」
　利用者代表をCさんにお願いした。皆さん、拍手で同意した。

今後の予定について
9月24日、K園祭り、販売予定。
10月9日、10日、アルエット祭り。10月16日、R施設祭り。販売　予定。
10月末、風船バレーボール大会。参加予定。
11月、福祉健康まつり。販売予定。
日帰り旅行、未定。検討中。
今後もこのような話し合いの場をつくっていきたい。
終了後、話し合いができて良かったとの意見があった。
欠席者については、後日、個別で、話し合いの内容をお伝えする。
別途、まとめたものを、確認し、掲示する予定。
以上。

工房のモットー（信条）

平成23年9月吉日
生活介護Ⅱ（通所）利用者・職員一同

1　私たちは、力、ことばなどの暴力は、しません。
・乱暴なこと、人をひっぱったり、押したりすること、けんかすること、などはしません。人が嫌がることば、人を悪く言うことば、しつこいことば、などは言いません。

2　私たちは、人に不安や迷惑をあたえるような行為は、しません。
・ものをなげること、こわすこと、無断で場所をはなれること、いたずらすること、などはしません。

3　私たちは、皆仲良く、共に助け合い、協力し、一人ひとりを大切にします。
・利用者さんは、職員の言うことに応じ、協力してください。職員は、相談に応じます[6]。

〈まとめ1〉
　第1回目の利用者との話し合いは、皆が仲良く、より良く過ごす為には、どうしたら良いかというテーマであった。お互いの意見を話し合い、工房のモットーを皆でつくることを目的とした。話し合いでは、「皆と仲良くしたい」「ケンカをしない」ということ、それに同感する意見が多かった。一方では、言葉で人を傷つけることや、不親切なこと、無断で場所を離れることがあった、という意見があがった。今までは、利用者さん同士で、弱い人に対する言葉づかいや関わりで不適切なことはあったが、その場の対応に努めたものの、特別な取り決めはなかった。

　今回の話し合いの結果をまとめ、整理したのが別途「工房のモットー（信条）」[6]である。このモットーは、利用者さんと職員で確認し、園へ報告し掲示した。また、保護者さんやグループホームへも報告した。指針が明確化

したことで、共通認識をもつことができ、安心感につながった。

(2) 皆仲良くするということ

　2011（平成23）年10月31日（金）14：50〜15：45、工房食堂にて、利用者15名、職員3名。

　Y職員「休憩をとりながら、2回目の話し合いと、11月2日の日帰りレクリエーションの予定を確認したいと思います。気候が寒くなってきたので、風邪など引かないように、健康に注意しましょう。」

　工房のモットー（信条）の3を確認。仲良くするとはどういうことか考える。

　Kさん「勝手な行動はしない。相手のことを考える。」

　Dさん「明るく、あいさつをする。」

　職員「もじもじしない？」→Hさん「うん。」机に顔を伏せる。

　Nさん「まっすぐ帰る。仲直りをする。」

　職員「困っているときに助けてほしい？」→Bさん「そうだよ。」職員「それ以外はおせっかい？」→Bさん「うん。」

　Aさん「丁寧な言葉で、そっとやさしく話したほうがいいと思う。」

　Iさん、言葉出ない。照れ笑い。職員「（仲良くするには）気持ちを伝えること？」→うなずく。

　職員「ケンカしない？」「健康に気を付ける？」→Eさん「うん。」

　Gさん「いい言葉が見つかりませんが…。謙虚な行動がいいと思う。」

　Cさん「迷っていたら、やさしく教えてあげるといい。」

　Fさん「皆仲良く。順番を守る。笑う。愛情がいい。」

　Mさん、ニコニコ笑顔を見せる。職員「楽しい？」→うなずく。

　Lさん「やさしくしてあげる。」

　Oさん「やさしい気持ちを持つ。ケンカしない気持ち。」

　Z副支援員「もっと皆が、皆を好きになれるようになればいいと思う。」

　X副支援員「今の工房の穏やかな雰囲気を守っていきたい。」

　Y職員「やさしさは、気持ちと行動の2つで相手に伝わる。気持ちとは、愛情、心を大切にすること、行動は言葉や態度で心を伝えること。相手の身になって、困っているときがあったら、手を貸してあげてください。人の話

しを聞くことも大切。教えるときは、やさしい言葉、態度を心がけること。年上の人は敬いましょう。私たちは協力しながら、工房を守っていきましょう。穏やかな環境が、穏やかな人、仲間をつくります。」

今後の予定
　11月6日、ふれあいの集い。
　11月12,13日、城址公園で福祉健康まつり販売。12日は稼働日。
　今後も皆で話し合う機会をつくっていく。
　次回は健康について、話し合う予定。
　以上。

〈まとめ2〉
　第2回の話し合いは、第1回目に話し合った工房のモットーを確認し、仲良くするとはどういうことか、利用者さんはどう思っているのか、意見を聞いてみた。キーワードとして、「やさしい気持ち」「謙虚な行動が良い」「笑う」「愛情」など、があがった。
　「やさしさ」は、気持ちだけでなく、行動でしめすこと。相手の身になって考え、行動する。自分から話しをするとともに、話しを聴くことも大切である。やさしい言葉、態度に心がけると、穏やかな関係づくりにつながる。穏やかな環境がやさしい人をつくり、環境が穏やかな人をつくる。より良い工房をつくることを皆で確認することができた。

(3) 健康づくりをはじめよう

　2011（平成23）年12月24日（金）14：50～16：00、工房食堂にて、利用者12名、職員3名。
　Y職員「今回で3回目の話し合いになります。休憩をとりながら、話し合いをおこないたいと思います。できれば、これからも場所（会場）などを変えたりして、定期的にやっていきたいと思います。」
　前回話し合ったことを確認。
　Y職員「第1回は工房のモットーを皆で決めました。皆さん、どうでしょ

うか？守れていますか？」
　Aさん「はい。守っています。」手をあげて返事。他の方もうなずく。
　Hさん→顔をそむける。職員「心当たりがある？」→そっぽを向いたまま。
　Iさん→照れ笑い。職員「大丈夫？」→うなずく。
　Y職員「第2回は仲良くするとは？やさしくするとはどういうことか、話し合いました。いろいろな意見が出ました。愛情とか、そっとやさしく話したほうがいいと思う。とか、人の話しを聞くことも大切。とか、助けが必要なときは手を貸す。やりすぎはおせっかい。などの意見がでました。やさしさとは気持ちと行動で相手に伝わる。気持ちは心を大切にすること。行動は言葉や態度で心を伝えること。不安、心配な人はモットーをみて、思い返してみましょう。」
　Y職員「今日は健康づくりについて話したいと思います。自分でできること、工房の皆で、できることがあると思います。まずは、健康とは、どういうことでしょうか？」
　Jさん「腰が痛い。」職員「痛くないのが健康？」→「はい。」
　Aさん「自分に病気があっても、相談したりして健康づくりはできると思う。」
　Hさん「健康ですか？」→そっぽを向く。
　Nさん「動けること。」
　Jさん「歌が歌えること。」
　Iさん→言葉は出ない。考えているしぐさ。職員「カラオケできること？」→「うん。」うなずく。
　Dさん「無理しないこと。」
　Bさん「笑うこと。」
　Kさん「仲良くする。」
　Cさん「愛情、心。」大きな声で元気よく答える。
　Gさん「Dさんと同じで、無理をしないことです。」
　Lさん「Xさんと鬼ごっこすること。」
　Z副支援員「怪我をしないこと。」
　X副支援員「Bさんと同じです。笑うこと。」
　Y職員「健康とは、身体の健康だけではなく、心の健康もあります。周り

の人と、仲良く過ごせることは、社会的にも健康と言える。自分が元気だと、周りの人にやさしくできるし、人を思いやって、助けてあげることができますね。不安や悩みがあると、心が元気をなくし、身体にも影響がでることもある。心と身体はつながっていて、両方の健康が大切です。」
　次に健康のため、自分自身でどんなことをしているか。
　　Jさん「出かける。外出。キャッチボール。」
　　Hさん→顔をそむける。職員「音楽は？」→「うん。」、職員「リラックスになる？」→「うん。」
　　Nさん「自転車に乗る。サイクリングする。あと、鐘撞堂山に登ったことがある。」
　　Lさん「三輪車に乗る。」
　　Aさん「毎朝5時に起きる。夜は9時〜10時くらいに寝ている。自転車に乗る。」
　　Fさん、Dさん「歩く。」
　　Cさん「タバコをやめた。」
　　Iさん→言葉でない。職員「部屋で歌を歌ってストレス発散？」→「うん。」職員「趣味？」→「うん。」
　　Gさん「歩く。自転車にも乗ります。車の通りが少ない道を行くようにしています。」
　　Z副支援員「ストレッチ。」
　　X副支援員「3食食べる。間食はひかえています。」
　　Y職員「夜、ウォーキングしています。食事のカロリーも気にしています。アルコールは少々。たばこはずいぶん前にやめました。」
　年齢や、人によって、できることは違う。病気を持っていても、病気と付き合って、健康に過ごすことはできる。自分ができること、工房でできることを見つけ、継続して取り組むことが大切であると皆で確認した。
　工房でできることとして、散歩、ラジオ体操、朝の園内散歩3周、ラジオ体操第2、ストレッチ、深呼吸、腰痛体操、午後のラジオ体操等の意見があった。可能な範囲で取り組む予定。
　次回のテーマについて、特に利用者さんからの要望はなく、検討中である。

年末年始の予定について
仕事納め12月28日。年末年始の休み12月29日〜1月3日。1月4日仕事始め。
1月8日、クローバーの会新年会。
休み中の事故等に気を付けましょう。
以上。

〈まとめ3〉
　第3回の話し合いでは、健康づくりをテーマとし、健康とはどういうことなのか、意見を聞いてみた。「動けること」「笑うこと」「歌が歌えること」「無理をしないこと」など、の意見があった。健康のため、自分自身でどんなことをしているか、については、「出かける」「キャッチボール」「自転車に乗る」「三輪車に乗る」「歩く」「食事に気を付ける」などの意見があげられた。工房では、活動中にラジオ体操や散歩、などを取り入れているが、利用者さん個々によって、取り組めることはさまざまである。皆で、できること、個人で、できることを取り入れていくことが望ましいと考える。

(4) 食事について考える
　2012（平成24）年1月27日（金）9：30〜10：10、工房食堂にて、利用者13名、職員3名。
　Y職員「今回で4回目になります。前回は健康について話し合いました。皆でできる運動やエクササイズがあるので、運動が得意なZさんに調べてもらいたいと思います。今年度は、計5回の話し合いを予定しています。次回は「幸せについて」話し合いたいと考えています。まとめをXさんにお願いします。皆さんもどんなことが、幸せなのか、考えてきてください。良い意見を期待しています。」
　Y職員「1月17日に、新年会をおこないました。どうでしたか？」
　Aさん「楽しかった。料理もおいしかった。ビールも飲んだ。最高。」
　職員「お酒を飲んだ方はいますか？」→8名、手を挙げた。
　Y職員「酔っ払った人もいましたか？」→Bさん「いた。」

Bさん「酔っ払った。」
Jさん「酒、飲んだ。」職員「だいぶ酔っていましたね。」→「はい。」
職員「みなさん、食事は好きですか？」→Nさん「はい。好きです。」大体の方、挙手。
Y職員「どんなものが好きですか？」
Aさん「から揚げ、ビール。サラダも好き。」
Nさん「かつ丼。ビール。」
Bさん（しばらく考えて…）「私は親子丼が好き。飲み物は、紅茶。」
Cさん「かば焼き、ラーメン、ビール。」
Fさん「から揚げ、ウーロン茶がいい。」
Jさん（身振り手振りで答える。）「酒と、寿司。」
Kさん「うどん。ジュース。」
Iさん→言葉は出ない。笑顔。職員「コーヒー好き？」うなずく。職員「お肉は？」→「うん。」
Dさん「うどん。ラーメン。ビール。」
Hさん→うつむいて、答えない。職員「コーラとか？」うつむいたまま、何度かうなずく。
Lさん「から揚げ、ジュース。」
Mさん→笑顔。職員「なんでも好き？」→「うん。」と、うなずく。
Gさん「カレーライス。から揚げ。」
Z副支援員「お寿司が好きです。オレンジジュース。」
X副支援員「ラーメンが好きです。時どき、ワインを飲みます。」
Y職員「コーヒーはよく飲みます。あと、黒ホッピー。よく食べるメニューはお蕎麦などの麺類です。それぞれ好きな食べ物があると思いますが、そればかり食べていると、栄養のバランスが偏って、身体に良くないですね。ご馳走も、たまに食べるので、おいしく感じたりします。ヒトは食べないと生きていけません。でも、好きなものばかりでもいけない。1日の推定カロリー必要量は、年齢や身体活動レベル等、個々によって違うので、自分に見合った量を食べるということが大切ですね。ちなみに、花園の昼食は約650キロカロリーで計算されているそうです。」

次に、食べるときに気を付けること。
　Kさん「人の迷惑にならないようにする。食べ過ぎない。」
　Fさん「ゆっくり、あわてない。」
　Cさん「野菜を食べる。バランス。」
　Nさん→考えが出てこない様子。沈黙。
　Lさん「残さないで食べる。」
　Bさん「食べ過ぎない。」
　Dさん「野菜を食べます。」
　Aさん「甘いものを控える。でも、つい食べてしまう。」
　Z副支援員「ゆっくり食べる。水分を摂る。」
　X副支援員「ビタミンを摂る。」
　Y職員「皆さん、自分の体重は気にしますか？」
　Bさん「気にする。」
　Aさん「（医者に、気にするように）言われている。」
　Fさん「気にしないよ。」
　Y職員「年齢や、人によって、食事量も、消費カロリーも違います。やはり食べたら、身体を動かすことが大切ですが、これもやはり、人によって、できることが違います。ひとつ、共通して、気を付けられることとして、「よく噛む。ゆっくり食べる。」ということがあります。食べる速さと肥満の関係が研究され、早食いは太る原因の1つということが分かっています。肥満は、病気のモトとなります。健康でいることはとても大切。自分の健康の為に、できることに取り組みましょう。」
　次回のテーマは「幸せについて」。
　話し合い終了後、利用者から、こういう話し合いの場があって、良いと思う。という意見があった。
　以上。

〈まとめ4〉
　今回の話し合いは、食事について、利用者さんの考えを聞いてみた。利用者さんの好きな食べ物は、「から揚げ」「ビール」「かば焼き」「ラーメン」「お

寿司」「カレーライス」など、高カロリーの食べ物が多くあげられた。
　食べるときに気をつけることは、「食べ過ぎない」「野菜を食べる」「甘いものを控える」などがあげられた。利用者さんによっては、食事に注意する必要があり、栄養のバランスや食事摂取のコントロール、などが課題である。その他、食べ方についても問題はある。食事は、ゆっくり食べ、自分にあったカロリー摂取と、適度な運動が求められる。

（5）工房はなぞのの幸福感について

　2012（平成24）年3月10日（金）10：30～11：30、工房食堂にて、利用者13名、職員3名。
　Y職員「今日は、今年度最後の話し合いをしたいと思います。まず、明日で、震災から1年が経ちます。全国で追悼が行われます。地震が起きた時、皆さんは工房にいたので、記録が残っています。地震が起きた時間は、「（Nさん）14：46。」そうですね。食堂にいた方は玄関に、作業場にいた方は、工房の畑のほうに避難しました。2回大きな揺れがあって、テレビで報道をみました。グループホームは合同寮にして過ごした。何日も余震がありました。大変でしたね。では、今まで話し合ったことを確認して、5回目の話し合いをおこないたいと思います。」
　1回～4回までの話し合いの内容を確認。
　X副支援員「1回目は、工房をより良くするために、皆で話し合い、工房のモットーをつくりました。2回目は、仲良くするとは、やさしくするとは？ということを話し合いました。3回目は、健康について考えました。4回目は、食事について、話し合いました。」
　Y職員「皆さん、モットーは守っていますか？」→Aさん「はい。」Fさん「守ってます。」
今日のテーマ、「幸せについて」話し合う。意見を聞く。
　Y職員「皆さん、幸せですか？どういうとき、幸せですか？」
　Fさん「幸せの相手を探す。」
　Kさん「勉強するとき…。ぬりえ。」
　Aさん「うちでもケンカしなくなった。家庭が良くなった。ありがとうと

言われてうれしいし、泣くより、笑顔がいい。」
　Jさん「電車（をみたりするのが好き）。」
　Bさん「やさしくしてもらえたとき。」
　Lさん「ぶったりしない。騒がない。」職員「幸せ？」→「うん。」
　Iさん→言葉は出ない。照れ笑いをして、考えるポーズ。職員「音楽やコンサートを見るとき？」→「うん。」と、うなずく。
　Hさん→うつむいて、答えない。職員「幸せ？」→うつむいたまま、何度かうなずく。
　Cさん「物をもらったら大切にする。」
　Nさん「自転車に乗ってるとき。ストレス解消。」
　Dさん「仲良くする。」
　Gさん「ご飯がおいしいです。家が安心できます。」
　Eさん→「幸せ？」との問いかけに、「うん。」と、うなずく。職員「少し元気になった？」→「ううん。」と、首を振る。
　Z副支援員「愛情をもらった時です。」皆拍手。
　Y職員「悲しい時、つらい時もあったけれど、私は、人と一緒にいる時間を大切にしています。家族と一緒にいる時間をもっとも大切にしています。」
　X副支援員「イメージですが、赤ちゃんをみると、幸せを感じます。」
　Y職員「幸せと聞いて、思い浮かぶ色はどんな色？」
　Gさん「ピンク。オレンジ。」
　Kさん「黄緑…。」
　Jさん「赤。」
　Bさん「青。」
　Aさん「黄色もいいな。」
　Jさん「俺も。」
　Y職員「私も黄色だと思っています。幸せの色は、皆それぞれ、やさしい、良いイメージが浮かびますね。」
　Y職員「どんなことがハッピーだと思いますか？」
　Fさん「運動する。走る。皆と協力する。ケンカしないこと。」
　Aさん「皆で出かけること。ドライブとか、旅行。1人より皆で行ったほ

うが楽しい。どこかに行って、また食べたりしたいなー。」
　Bさん「ラジオ体操。」
　Nさん→目をつぶって、沈黙。
　Iさん→言葉が出ない。職員「出かけたい？」→うん。とうなずく。
　Z副支援員「遊ぶとき。」
　Dさん「皆で見学に行きたい。マイクロバスで行きたい。」
　Cさん「皆でコンサート。」
　Gさん「私も皆で出かけたいです。」
　Y職員「時どき、温泉へ行って、ゆっくりしたいです。1人だとさびしいので、家族と。」
　職員「工房はどうですか？」
　Aさん「前より過ごしやすくなった。ずいぶん変わった。良くなった。」
　X副支援員「仲良くしたいという意見が多くなってきたと思う。」
　Y職員「これからも皆で協力して居心地の良い環境にしていきましょう。仲良くする。やさしくする。気持ちに余裕ができれば、人を助けてあげられる。笑顔で、ニコニコしたほうが幸せ。人を悪く言わないで、やさしく言ったほうがいい。笑顔は皆でできる。今回の大震災で、たくさんの人が不幸になった。お金で買える幸せもあるけど、買えないものもある。人と人とのつながりが大切。幸せは目に見えない。幸せを図る物差しは、1人ひとり違う。誰でも苦しいときはある。幸せになるように、心がける。」
　Y職員「ブータンという国があって、この国の国民は、みんな幸福度が高い。昔の日本の生活に似ている。農業をして、家族と自然な生活を送っている。生活、自然の環境、学校教育、文化、時間の使い方、交流、国と国民の関係が親密で、国民が心豊かに暮らしている。」
　Aさん→よく話を聞いて、うなずいている。
　Bさん「ブータンって何？」職員「国の名前です。」→Bさん「うん。そっか。」
　Y職員「こういう国があるということを、知っていると、良いと思います。」
　来年度も工房のモットーを継続することを、皆で確認した。
　以上。

〈まとめ5〉
　今回のテーマは、「幸福について」。大きなテーマであるが、利用者さんは、どう感じ、思っているのだろうか。東日本大震災からちょうど、1年を迎える前日であった。2011（平成23）年3月11日（金）、14：46、関東地方においても、震度5強弱の地震発生。当時、工房では、作業休憩中で、食堂と作業室に利用者さんと職員が過ごしていた。突然の揺れに驚き、テーブルの下にかくれた。おさまった後、玄関外へ避難した。16：00まで避難し、利用者さんは無事帰宅した。皆、テレビやラジオから情報を聞き、不安と危機感を経験していた。
　幸福について、1人ひとりの思いや感じ方はいろいろある。利用者さんの意見は、「幸せの相手をさがす」「家族仲がいい」「笑顔がいい」「ケンカをしない」「好きなことをする」「食事がおいしい」など、があがった。幸せの色のイメージは、「ピンク」「オレンジ」「きみどり」「黄色」など、明るい色の回答が多かった。どんなことがハッピーになるかという問いでは、「旅行」「ドライブ」「コンサート」「温泉」「みんなと仲良くでかけたい」など、日常的な内容が多くを占めた。1人ではなく、誰かと一緒に行動する、支援することの必要性が感じられる。
　最近注目される「幸せの国ブータン」を紹介した。よく聞いている人もいたが、「ブータンって何？」って、Bさんに返された。

3　話し合いを振り返る

　本稿は、工房はなぞのにおける利用者さんとの話し合いの実践を整理して報告した。①工房のモットーをつくる。②皆仲良くするということ。③健康づくりをはじめよう。④食事について考える。⑤工房はなぞのの幸福感について。
　工房のモットーをつくったことで、工房に安心感が生まれた。当社会福祉事業団には、経営理念、経営方針が示される。障害者支援施設花園にも運営方針があり、施設の重点目標がある。それらとリンクし、職員個々の目標を設定し、実施、確認され、実施するサイクルとプロセスをたどる。
　一方、工房はなぞのでは、グループダイナミックス[7]を背景に皆（利用者

さんと職員）で話し合って、実践してきたことに意義があったと考える。しかし、あくまで工房のモットーは、1枚の紙であり、問題は、各自が内容を認識し、対応することにある。

　利用者さんにとって、皆と仲良く過ごし、活動するというニーズがある。仲良くするためには、やさしさ、思いやりが必要不可欠であろう。やさしさは、相手の身になって考えること、穏やかな環境と人が影響していると考えられる。

　健康の問題は、食事、運動の両面からの検討が求められる。当事業所では、健康診断の結果、40歳代の男性の3割の方に中性脂肪、コレステロールの値が高いという結果が報告された。生活習慣病のリスクは、施設の利用者さんにとっても重要課題である。個々により状況が異なるので、全体でできること、個人でできることを考えて、取り組むことが大切であろう。

　幸福論[8]は、最大のテーマである。幸福の物差しや価値観などは、国や文化、個人の考え方を含めて、さまざまである。

おわりに

　障害者支援施設は、利用者さんが安心して利用できる質の高い福祉サービスの提供が求められる。その対極にあるのが、事故の発生や不適切な対応であり、その未然防止に取り組む必要がある[9]。私たち職員は、利用者さんにとって、「ここで仕事（活動）がしたい」「ここへ来るのが楽しい」と感じられようにしたいと思って支援している。穏やかで、やさしい環境をつくることで、安心、安全のある施設づくりを目指している。

　Y町から通所しているM（女性）さんは、いつも笑顔が絶えない。毎日、お母さんの送迎で通っている。2010（平成22）年4月、他の施設から移行した。活動では、木工製品のやすりかけ、折り紙の作業を担当している。言語はないが、いつもニコニコした笑顔で、皆が癒されている。

　J（男性）さんは、当事業所のグループホームから通所利用している。施設入所利用から地域移行したケースである。ダウン症で、マイペース。人なつっこく、穏やかな性格であるが、落ち込むと動かない。言語不明瞭で話しかけては、職員に抱き着いてくる。うっとうしいと思うこともあるが、スキ

ンシップで「ギュッ」と仕返しすると声を出して笑う。本人には、数年前から頭部に円形脱毛症があった。それが当たり前と思っていたところ、最近は毛が生えて、円形が見当たらない。気づかないうちにストレスが減少したのだろうか。

　N（男性）さんもグループホームから通所利用している。週3回、地域の資源会社で、肥料づくりの作業をしていたが、会社が不況で仕事がなくなった。しばらく、工房に通うことになった。いつも威勢のいい大きなことを言うのだが、内心は気が小さく、何かあると、だれよりも先に逃げ出す人である。そのギャップがユニークで、愉快な会話を期待してしまう。

　こうしてみると、癒されているのは、むしろ職員側である。工房はなぞのでは、東日本大震災の前後から、草花の種を蒔き、野菜苗を植え付けするようになった。昨年夏は、ゴーヤ、ふうせんかずら、アサガオのグリーンカーテンをつくった。道端にはヒマワリを、畑にはナスやトマト、ピーマンの苗を植えた。種を蒔き、芽が出て花が咲き、いっぱいになる。水をやり草取りをする。そうしたことを利用者さんと一緒にしていると、それもまた、「幸せ感」だったりすることに、気づきはじめてきた。

【注】

1) 朝日新聞「社説　ブータン王国　問いかけられた幸せ」朝日新聞社、2011年11月24日付。
   ブータンはヒマラヤ山脈に接し、中国とインドにはさまれた小国。九州と同じくらいの面積で人口は、約70万人。前国王の下で、近代化と民主化に取り組み、立憲君主制を基本にした国家建設を進めている。特記すべきは、前国王が提唱した国民総幸福量（GNH）という概念である。国民総生産（GNP）に対置するもので、経済成長を過度に重視せず、伝統や自然に配慮し、健康や教育、文化の多様性、生活の水準やバランスを追求する考え方である。ブータンの8割の人たちが信仰している仏教的な価値観が背景にある。外務省によると、ブータンの1人あたりの国民総所得は、2,000ドル（約15万4,000円）。しかし、2005年の国勢調査では、国民の97％が「幸せ」

と回答した。
2) 中尾佐助著『秘境ブータン』岩波書店、2011年。
3) 花園町総務課編発『花園町勢要覧』2003年、2～3ページ。
4) 埼玉県社会福祉事業団花園『施設概要』2012年、1ページ。
5) 前掲4) 3ページ。
6) 埼玉県社会福祉事業団花園「工房のモットー（信条）」工房はなぞの、2012年9月。
7) グループダイナミックスは、「集団力学」の訳語があてられる。この用語を初めて使用したのは、「場の理論」で有名なレヴィン（Lewin,K）である。出版企画委員会編『障害福祉の基礎用語―知的障害を中心に―』日本精神薄弱者愛護協会、1997年、42ページ。
8) 人は幸福を求めてきた。それに応えるかのように古今東西、さまざまな「幸福論」、あるいは幸福にまつわる本が出版された。なかでもスイスのカール・ヒルティ、イギリスのバートランド・ラッセルのそれと並んで「世界三大幸福論」の1つと称されるのが、アランの「幸福論」である。串田孫一、中村雄二郎訳『アラン幸福論』白水社、1991年。
9) 東京都社会福祉協議会編発『事故予防対策としてのリスクマネジメント組織構築の手引き　社会福祉施設におけるサービス向上の視点』東京都社会福祉協議会、2002年、2～3ページ。

【参考文献】
1) 中西正司、上野千鶴子著『当事者主権』岩波新書、2003年。
2) 今枝由郎著『ブータンに魅せられて』岩波新書、2011年。
3) 五木寛之著『新・幸福論―青い鳥の去ったあと―』ポプラ社、2012年。
4) 本林靖久著『ブータンと幸福論―宗教文化と儀礼』法蔵館、2006年。
5) 大橋照枝著『幸福立国ブータン』白水社、2011年。
6) 五木寛之著『海外版百寺巡礼ブータン』講談社、2011年。
7) 平田厚著『知的障害者の自己決定権』エンパワメント研究所発、筒井書房、2000年。
8) 施設変革と自己決定編集委員会編『知的障害者福祉の実践　施設変革と自己決定　2　権利としての自己決定権そのしくみと支援』エンパワメント研究所発、筒井書

房、2002年。
9）阿部美樹雄編著『よくわかる知的障害者の人権と施設職員のあり方』大揚社、1997年。
10）生活介護Ⅱ（通所）編「平成24年度生活介護Ⅱ（通所）運営のしおり」埼玉県社会福祉事業団花園、2012年。
11）花園児童学園・花園学園記念誌編集委員会編『十年のあゆみ（非売品）』花園児童学園・花園学園、1973年。
12）正村公宏著『ダウン症の子をもって』新潮社、1984年。
13）暉峻淑子著『豊かさとは何か』岩波新書、2006年。
14）ショーペンハウアー著、橋本文夫訳『幸福について　人生論』新潮文庫、2012年。

　本稿は、草の根福祉編集委員会『草の根福祉』（第42号）2012年、33ページ～47ページ、掲載を再編集した。

「次はいつやるの？」利用者さんとの話し合い

1 利用者さんとの話し合い実践レビュー
(1) イメージキャラクターの考案

2012(平成24)年10月5日(金)14:30～15:30、工房食堂にて、利用者13名、職員3名。

Y職員「皆さん、ご苦労様です。10月に入りました。季節の変わり目なので、体調を崩さないよう、お互いに注意しましょう。今回は3回目の話し合いとなります。以前、話し合いの内容をまとめたものを発表しました。参加賞をいただきました。園の研修会でも報告しました。また、発表する機会があれば、皆さんに紹介したいと思います。」

Y職員「皆さん、工房のモットーは守っていますか？」

Aさん「はい。大丈夫です。守っています。」

Y職員「工房では、イバッタリ、利用者さん同士で指示しないこと。皆一緒です。人に言われて嫌なことは言わないこと。それから、年上の人は敬いましょう。人生の先輩ですから、皆で大切にしましょう。」

Bさん「そうだよ。」

Y職員「年上の人は、若い人に教えてあげてください。お互いに助け合って、仲良くして、気持ち良く、工房で過ごしましょう。」

Y職員「まつぼっくりとミミズクをイメージして、イラストを描いてもらいました。」

Aさん「いいじゃない。」

Gさん「カワイイと思う。」

Y職員「まだ、考え中ですが、これからこういったものを工房のキャラクターにして、チラシや製品を作って、イメージアップやＰＲに活用していきたいと思います。」

皆さん、賛成の様子。

工房はなぞのでは、まつぼっくりとミミヅク（フクロウ）をモチーフにキャラクター（大王みみじろう）を考案した。埼玉県社会福祉事業団花園にある大王松（ダイオウショウ）とまつぼっくりについては、田代国次郎先生喜寿記念論文集編集委員会編『いのち輝く野に咲く草花に』[1]に掲載していただいたので参考にしてほしい。
　フクロウとミミヅクは、どう違うのだろうか。工房はなぞのでは、あえて、ミミヅクにこだわってみた。福本和夫氏[2]によると、「フクロウ」といっても、実に数十種の種類があり、大別しては、フクロウ（梟）とミミヅク（木兎）にわけられるが、俗にいわゆる、耳または角と呼ばれる羽毛のかざりがあるなしで、一概にミミヅクとフクロウを決めてしまうのは、正しくない。この区別の基準は、学問上には成立しない。俗に耳と呼ばれているのは、羽毛のかざりであって、聴覚器官としての耳ではない。ほんとうの耳は、別に眼の少し後ろのところにあって、羽毛におおわれているが、ほかの鳥より耳の穴が大きくて、聴覚も特別に発達していることがよくわかる。青葉ヅクは、ヅクというから、ミミヅクのようと思えば、それがなくて、普通のフクロウと同様にまるい頭をしている。からだの大きさは、普通のフクロウの3分の1にもたらぬくらい小さい。青葉ヅクはミミヅクというが、耳がない。青葉ヅクと反対に、縞フクロウはフクロウというが、耳がある。フクロウとミミヅクを厳密に区別してみても、その実際上の利益は、さほどなさそうである。一口にいうと、フクロウとミミヅクとをあわせてフクロウで、フクロウの方が今日では、総称に用いられている[3]、とある。
　実際のまつぼっくりを加工し、実写版を製作してからイラスト化を試みた。イラスト化にあたっては、女子寮のH・Y支援員にデザインをお願いした。
　さて、キャラクターの名称は、検討した結果、「大王みみじろう」と命名した。「大王」は、ダイオウショウからとって、「みみ」は、ミミヅクからとった。「じろう」はというと、田代国次郎先生の「じろう」からいただいた。完成したイラストは、図―1とおりである。色付けは、まつぼっくりがエンジ色、耳、くちばし等は黄色。頬には、少しピンク色をいれ、頭に松の葉3本を

図-1 大王みみじろう

加えた。当面は、チラシをつくりイメージアップに活用し、様子をみながら製品化やＰＲの活用を検討したいと考えている。

(2) 食事量（昼ごはん）について話し合う
　Y職員「花園の昼食は650〜700キロカロリーで計算されているそうです」
　職員「量はどうですか？」
　Nさん「結構多いですね。冷やし中華の量が多かった。」
　Bさん「見て、少な目を取っている。多いと太っちゃうから…。」
　Kさん「多い。」
　Dさん「もうちょっと少なくてもいい。」
　Cさん「できれば、少なくしてほしい。」
　Ｉさんは、多いと思ったら、自分で残していることがある。
　Gさん「自分も少なくていいです。」少食の方。
　Eさん「多い。」珍しく発言。
　Lさん「量が多かった。」少食の方。
　Y職員「出されたものは、つい食べてしまうので、なかなか自分でコントロールするのは、難しい。栄養士さんに確認したところ、ご飯の量を少なくすることはできるそうです。麺類は量が決まっているそうです。」
　職員「ご飯は？」→Nさん「多い。半分でいい。」
　職員「少な目にするのは？」→Gさん、他「いいと思います。」
　Y職員「量については、栄養士さんに相談したいと思います。皆さんよろしいですか？」
　皆さん「いいです。」賛成の様子。

　以前、食事について、話し合いをしたが、今回は、具体的に昼食の量について、話題にした。総体的に皆さんの意見は、主食の量が多いので、少なめにしてほしいという見解がほとんどだった。早速、栄養士さんに相談することにした。
　日本人の食事摂取基準によると、体の活動レベルや年齢ごとに、1日にどれくらいのカロリーを取る必要があるかの目安がわかる。平均的な体格で、

活動レベルがふつうの45歳の男性の場合は、2650キロカロリー。スポーツを活発にする高いレベルの女子高生は、2500キロカロリー。低いレベルの75歳の女性なら1450キロカロリー必要である。一般に、腹囲を1cm減らすのに、体重を約1キロ減らさなければならない。体重を1キロ減らすのには、約7千キロカロリー消費することが必要で、1カ月かけて腹囲を1cm減らすとしたら、1日に約230キロカロリー減らす必要があるという[4]。

(3) 楽しみの地域支援日帰り旅行

Aさん「楽しみです。」
Y職員「前回は、りんご狩りに行きましたね。皆さんどこに行きたいか、意見を聞かせてください。できれば、また、観光バスを利用したいと思いますが、どうですか？」
Bさん「いいです。」
Aさん「そっちのほうがいい。」
Nさん「スカイツリーに行きたい。」
Aさん「スカイツリーって？」
Nさん「新しいタワー。」
Aさん「行ってみたい。」
Bさん「お土産が買いたい。」
Cさん「浅草に行ったことがある。」
Dさん「船に乗りたい。周りを見てみたい。」
Eさん「東京タワー。」職員「行きたいの？」Eさん「うん。」
Nさん「レインボーブリッジ。」
職員「踊る大捜査線ですか？」。Nさん「はい。」
Kさん「勉強がしたい。おこらない。」
Lさん「みんなと仲よくしたい。」
X副支援員「スカイツリー、浅草、船、東京方面など、意見がでました。観光バス利用は皆さん賛成。旅費等を含め検討する。計画し、園の外出許可を得たら、改めて皆さんに報告します。」

今後の予定について
10月7日（日）クローバーの会。
10月8日（月）稼働日。利用者支援日。
10月13日（土）〜14日（日）、アルエット販売はなし。
10月15日（月）〜26日（金）H特別支援学校実習受入。Oさん、Pさん。
10月21日（日）R施設祭り販売。
10月27日（土）〜28日（日）、深谷市健康まつり。ビッグタートル予定。
10月30日（火）風船バレー大会。トレセン体育館、昼食お弁当が出る。
11月4日（日）花園ふれあいの集い。
11月7日（水）害虫駆除。
11月9日（金）頃を目途に地域支援日帰り旅行を予定。
　X副支援員「10月中に作業奨励金の支給があります。旅行前に皆さんにお渡しできるよう、準備しています。」
　Y職員「インフルエンザなど、体調に気を付けましょう。」
　以上。

　地域支援日帰り旅行は、グループホームや通所の利用者さん、保護者様からの希望に応じて、グループホームと通所が協賛して、企画している。行事をとおして、利用者さんと職員との親睦を深め、楽しい時間を過ごすことを目的とする。かつては、グループホームとしての旅行だったが、3年前からは、合同で企画実施している。
　前年は、長野県小布施町へ、りんご狩りに出かけた。その前も、長野県小諸市へ、りんご狩りとワイン、マス釣りなどを企画した。利用者さんにとって、魚釣りは経験が乏しい為か、楽しく貴重な体験となったよう。旅行を目前にすると、利用者さんは、ワクワクし、ハイテンションとなり、明るい表情になる。
　今回の話し合いでは、浅草、スカイツリー見学の要望が多くあった。それを受け入れて、企画立案することとした。旅行の準備等は、グループホームの世話人さん（S・Cさん）へお願いした。職員にとって、多くの利用者さんと一緒に、人ごみの中へ行くのは、少し心配である。無事に行ってくるのが目標である。

2 これからも

　筆者らが当施設へ赴任して4年を経過しようとしている。とても厳しい時もあったが、少しずつ落ち着いてきた、といえるようになってきた。利用者さんとの話し合いも定着しつつある。今年度になって、5回実施することができた。2011(平成23)年9月2日(第1回目)から総計10回をカウントした。その経過は、話し合い会議録として記録している。「話し合い、次はいつやるの？」利用者さんから職員に聞いてくるようになった。これからも継続し、取り組み実践を整理して報告したいと考える。

　城山三郎がしばしば引用した箴言であるが、「静かに健やかに遠くまで」[5]いきたいものである。

【注】

1) 田代国次郎先生喜寿記念論文集編集委員会編『いのち輝く野に咲く草花に－田代国次郎先生喜寿記念論文集－』社会福祉研究センター、2012年11月10日、112ページ～118ページ。

2) 福本和夫（ふくもと　かずお）1894年、鳥取県生まれ。1920年東京帝国大学法学部卒。22年欧米に留学してマルクス主義の研究に没頭、24年に帰国。その後、多数の論文を執筆するかたわら、日本共産党に尽力して理論的指導者となり、いわゆる〈福本イズム〉で大きな影響を与えた。コミンテルンの批判により失脚し、翌28年検挙され42年までの14年間釧路の獄にあったが、非転向を貫く。戦後は、主に獄中で着想した多方面の著作の執筆を続けた。83年死去。戦前の著作は、『福本和夫初期著作集』全4巻（71-72,こぶし書房）にまとめられている。福本和夫著『フクロウ-私の探巣記-』法政大学出版局、2006年。

3) 福本和夫著『フクロウ ― 私の探巣記 ― 』財団法人法政大学出版局、2006年、16ページ。

4) 朝日新聞「今さら聞けないカロリー　熱量から力学単位に」朝日新聞社、2010年12月25日付。

5) 植村鞆音著『気骨の人　城山三郎』扶桑社、2011年、158ページ～163ページ。

自らの「座右の銘」として城山がしばしば引用するのは、20世紀初頭に活躍したイタリアの理論経済学者ヴィルフレド・パレートが好んだ箴言である。静かに行く者は　健やかに行く　健やかに行く者は　遠くまで行く。「静かに」という出だしのひと言が、城山の心を捉えた。静かにあせらずに、こつこつと生きていこう。若い城山は思った。そう心に決めると、自分に重くのしかかっていたさまざま悩みや迷いが一気に吹き飛んでしまったという。

　本稿は、草の根福祉編集委員会編『草の根福祉』（第42号）、2012年、48ページ～52ページ、掲載を再編集した。

種を蒔くということ

はじめに

「そして遂に昭和38年、夢にまで描いた理想の施設「県立花園学園」が開設されたのでした。余談になりますが、この花園学園は、ノーベル賞受賞作家のパール・バック女史にお願いして、令嬢の入っておられる施設をご紹介いただき、それをモデルに造って頂いたもので、当時としては、珍しい暖房つきの日本一の施設になりました[1]。」これは、埼玉県手をつなぐ育成会50周年記念誌に掲載された加藤千加子氏（元埼玉県手をつなぐ親の会会長）による特別寄稿である。と同時に、現埼玉県社会福祉事業団花園（障害者支援施設、福祉型障害児入所施設）の歴史において、パール・バックとのつながりが記されている唯一の記録である。当施設の沿革にもこのヵ所が引用されており、施設紹介するときの説明として利用することも少なくない。

パール・バック（1892年～1973年）は、米国生まれ。生後数ヵ月で両親と中国に渡り、1934年に米国へ戻るまで、主に中国の江蘇省鎮江、南京や安徽省で暮らした。1931年に小説『大地』を発表し、1938年にノーベル文学賞を受賞した。その後も、西洋に中国を紹介する小説・随想などを発表し続けた。他、アジアの恵まれない子どもの支援など、福祉活動にも力を入れた[2]。パール・バックを語るには、まず、代表作の『大地』[3] を読んでおかなければならない。『大地』は、貧困から身を起こした中国人一家3代のものがたりを描いた小説である。この小説の中には、知的障害の娘が登場する。パール・バック自身も障害児を持った母であり、パール・バック著、伊藤隆二訳『母よ嘆くなかれ』[4] や松坂清俊著『知的障害の娘の母：パール・バック』[5]、ピーター・コン著『パール・バック伝』（上巻・下巻）[6]、などが参考となる。

花園とパール・バックとのつながりは、当時の加藤千加子氏や手をつなぐ親の会などの活動が影響していると考えられる。花園の原型をつくり、その種を蒔いたことによって、現在の花園が存在するのである。本稿では、福祉現場の視点から実践をとおして、感じ考えたことをまとめておきたい。

1 「花園」という地名

花園は花も実もあるゆたかさに旬を売ります野菜・花・種。沖なゝもの地

名歌語り（朝日新聞）で、深谷・花園の地名が紹介されていた。それによると、「花園」という言葉の響きは何か西洋的な少女が憧れるにはピッタリだが、埼玉県のこの花園は、なぜか特色もない山の風景で、なぜ、こんなところを花園というのか以前から不思議に思っていた。「園」というのは主要な作物ではないものを栽培していた場所のことで、米や麦などではなく、野菜や果実、梅などのことをさすらしい。「花」はフラワーのことではなく、「端」「岬」「台地」といった地形語だとする説がある。昔は花園の里と呼ばれ、このあたりに花園城があった。典型的な山城で平安時代末期に築城されたというから歴史はかなり古いことになる[7]とある。

花園という言葉のイメージは、その人や地域等によってもさまざまであろう。沖ななもは、関越自動車道花園インターチェンジと子供の頃に読んだフランシス・E・H・バーネットの『ひみつの花園』（The Secret Garden）であったらしい。全国的には、京都市、和歌山県の花園という地名や、大阪府東大阪市の近鉄花園ラグビー場、などが知られる。高校ラグビー界にとって、「花園」は全国大会を意味する言葉として用いられる。ところで、埼玉県でいえば、関越自動車道花園インターチェンジが有名であろう。お盆を故郷などで過ごした人たちのUターンラッシュのピーク時には、渋滞する上り花園インターチェンジ付近の情報が日本道路交通情報センターから報道される[8]。秩父鉄道小前田駅の改札を出ると、深谷市花園地区のプロフィールが下記のとおり紹介されている[9]。

深谷市花園地区のプロフィール[9]

　北に遥か浅間山、榛名山、赤城山など北関東の山々を望み、荒川が秩父山から関東平野に流れる付け根の位置に花園地区は位置します。

　都心から約70km、関越自動車道を利用すれば練馬インターチェンジからわずか40分足らずです。秩父方面への観光の入り口として国道140号バイパスなど交通の要衝ともなっています。この地は昔から、鎌倉へ続く「鎌倉海と街道」や絹の道「秩父往還」などが交差して街道沿いの村として栄えてきました。古く戦国時代の古文書には「荒河」の地名も残り、荒川発祥の地かもしれません。

旧花園町の前身である花園村ができたのは明治22年（1889）。それまでの武蔵野村・小前田村・荒川村・黒田村・北根村の六ケ村が合併し誕生しました。この美しい村名は戦国時代にこの一帯を領有していた藤田康邦の居城「花園城」の名前をとってつけられました。
　その後、昭和58年（1983）6月1日に、県内37番目の町となり、平成18年1月1日に、旧深谷市、旧岡部町、旧川本町、旧花園町が合併し、「深谷市」となりました。

〈花園地区の立地条件〉
＊位　置：地区の中心（花園総合支所ロータリー）
　　　　　　　　北緯36°07'46417"　東経139°13'45"594
＊標　高：鐘撞堂山（最高）　　　　330,2m
　　　　　花園総合支所ロータリー　87,3m
　　　　　永田駅南側付近　　　　　70,1m
＊総面積：15,82K㎡
＊埼玉県深谷市小前田2345番地　電話048-584-1125

　村名「花園」の歴史をもう少し調べてみる。花園村が誕生した1889（明治22）年当時、武蔵野村連合と黒田村連合の2ケ村が存在し、当初、郡、県の予想としては、連合村単位の新村が計画されていたが、武蔵野村連合から用土が独立し、黒田村連合から田中が離脱して、武蔵野、小前田、荒川、黒田、永田、北根の六ケ村は、団結して、新村を結成することになった。そして、郡長から村名として「武川村」が提案されたが、議論がまとまらず、決定するには至らなかった。かくして、1888（明治21）年12月27日の最終協議会の席上、武蔵野、黒田両連合戸長が依頼した仲裁役、人見村連合戸長、新堀良策から「この地が往古藤田氏の所領であったことにちなみ、その古城、花園城の名をとってはどうか」との提案があり、これに全員賛成して村名が決定したと伝えられている[10]。

　花園城跡は、標高208m、中世期の連郭式縄張による丘陵城郭の典型的な

山城で、築城は、15世紀後半と推定される。武蔵国榛沢郡藤田郷の領主の本城で、別名を藤田城という。藤田五郎政行が平安時代末期（1155年）に初めて当郷を領有し、以来、戦国時代まで約400年間在城（1590年廃城）した[11]。とある。現在もその花園城跡の碑が残っている。筆者は、2012（平成24）年3月6日、花園城跡へ行ってみた。その場所は、大里郡寄居町善導寺から登山口まで約200m。そこから、手書きの看板を目印に登って、山頂で花園城跡碑の存在を確認した。近所の人もあまり行ってみたことがないらしい。その周辺は特別何もなく、静かなところだった。

写真—1
花園城跡の碑　2012年3月6日　筆者撮影

現在、深谷市小前田にある埼玉県社会福祉事業団花園は、福祉型障害児入所施設（定員30名）、障害者支援施設（生活介護定員110名、施設入所支援定員90名）として運営されている。1963（昭和38）年の開設当時は花園村、「花園学園・花園児童学園」の名称であって、2007（平成19）年には、「学園」をとって、施設名称「花園」となった[12]。花園は、施設名称であると同時に地域の名称でもあるため、地域の方々へ伝えるとき、今でも、あえて「学園（ガクエン）」を付けて言う場合が少なくない。筆者は、花園という響きは、どこか花や草木の咲く楽園、お花畑、などがイメージされる。名実ともに、花いっぱいで、明るい福祉施設になることを期待してしまうのである。

2　大王松とハナミズキ

埼玉県社会福祉事業団花園の正面玄関左手には、大きな松の木がドシンと1本立っている。ロータリーには、記念塔、記念碑、説明碑、皇后陛下歌碑、彫刻等があり、ほぼ中央には、ハナミズキの木が植えられている。

写真—2
花園の大王松　2011年12月6日　筆者撮影

はじめに大きな松の木を調べてみる。この松は、ダイオウショウ：Pinus palustris Mill（大王松）、別名ダイオウマツといい、マツ科マツ属。原産地は、北アメリカ南東部で、暖地にしばしば栽培されている常緑の高木で、高さ30mを超えるものもある。長い葉が筆状に枝の端に集合して垂れているのは特殊な形である。葉は3葉束生、3～4年生存し、長さ40cm位で青みがかった緑色をしている。球果は、円柱型で長さ約20cmにもなり、種鱗の末端部には鋭い稜がある。大王松は、葉の長くて大きいのをたたえて、いったものといわれる[13)14)]。花園の大王松は、高さ約30m、樹の周囲約2m51cm、葉は約15cm、松ぼっくりは、約12～15cmほどである。風の吹いた翌朝は、大きな松ぼっくりが落ちていることがあり、それをせっせと集めては、地域のイベント等で3ケ100円で販売している。例えば、インターネット販売で松の実1ケ525円というところもあったので、良心的な価格設定だと考える。人によっては、まとめて40ケ買って行ったお客さんもいた。松ぼっくりを材料にペイントして、クリスマスツリーなどを作るらしい。その他、今年の8月に2回ほど、Gフラワーパークの営業さんが、松ぼっくりをゆずってほしいと来園することもあった。自然の恵みの恩恵である。

写真―2
大王松まつぼっくり　2012年7月27筆者撮影

一方、ハナミズキ：Benthamidia florida、別名アメリカヤマボウシも北アメリカ東部原産で、現地では昔この木の皮を煎じてイヌの皮膚病に用いたため、ドッグウッドと呼ばれている。1915（大正15）年に40本の苗木が届いたのが日本への導入の始まりで、当時の東京市長、尾崎行雄がアメリカへソメイヨシノの苗木を贈った返礼だった。ハナミズキは、アメリカを代表する花木で、春に葉が開く前に開花し、4枚の苞が美しい。野生種の花は白い。赤色の品種は実生から選別され接木で増やさ

写真―4
ロータリーのハナミズキ　2011年4月30日　筆者撮影
このときは3本あった

れる。高さ5～7m、葉は対生、長さ8～10ｃm、花の時期は4～5月である[15]。花園のロータリーには、3本のハナミズキがあったが、今年6月の台風の影響で1本斜めになったため、伐採されてしまった。結局現在、ロータリーには、2本現存している。

　植樹されたこの2種は、同じ北アメリカ原産であるとともに、施設開所当時としては、珍しい樹木であったという。

3　花いっぱいと草とり

　工房はなぞのは、2005（平成17）年4月から2011（平成23）年3月の6年間は、知的障害者通所授産施設を経て、2012（平成24）年4月からは、障害者支援施設の生活介護Ⅱ（通所）として運営されている。4月現在、定員20人（現員14人）、最高年齢65歳、最低年齢21歳、平均年齢41歳（男性8人、女性6人）である[16]。日中活動は、主に木工を中心に活動しているが、その他、手工芸、環境整備、散歩、畑作業等も行っている。

写真―5
1,200本のヒマワリが咲いた
2012年8月1日　筆者撮影

　工房はなぞの作業場南側は、かつて、寮棟があったが、新棟が建てられると更地となり、シークワーサーが植えられていた。しかし、不良で枯れ果て今では若干1本の木が現存するのみとなってしまった。その地の一角を開墾し、工房はなぞのの畑、花壇とし、夏野菜や草花を育てている。今年は、ジャガイモ、ナス、キュウリ、トマト、かぼちゃ、プチトマト、オクラ、などの種、苗を植え、毎日収穫できるまでになった。その他、ゴーヤ、フウセンカズラ、アサガオ、などのグリーンカーテンも始めており、農繁期は、デスクワークよりも、畑作業や環境整備の方が忙しい日もある。地に隣接した道沿いには、季節に応じた草花を植えた。今年の春には薄紫色のハゼリソウを、梅雨時には赤いアオイが、夏には黄色いヒマワリの花がいっぱい咲いた。アオイの花を見るのに2年かかった。ヒマワリは、昨年の夏が約300本で、今年は約1,200

本の黄色い花が咲いた。散歩などで利用者さんや職員らが、指さし何か話しているようすをみると、つい、うれしくなってしまう。

一方、草花とともに雑草の成長も著しく、手を入れないと作物などが、草にうもれてしまう。ときどき、草刈機械でおこなうが、手作業でしなければならない場所もけっこうある。よって、自分専用の鎌(かま)を購入し、熱中症に注意しつつ除草作業に取り組むのであるが、暑い日は、30分もやると汗びっしょりである。せっせとやって、振り返り、きれいになったあとをみると、心地よい満足を感じるのである。そうしたことを利用者さんや職員らと一緒にやっている。

地を耕し、種を蒔く。水をやり芽がでて花が咲く。草取り。収穫し、種をとる。そして、来年も種を蒔く。

4 種を蒔くということ（むすびにかえて）

畑や花壇の植物にしても、種を蒔き、苗を植えた人は、その成長が楽しみで、誰よりも気になって、水をやったり、草取りをするものである。むしろ、そうしたことを直接しないと、行動できないのが普通であろう。筆者は、種を蒔くということは、会社や組織の人材育成にも、つながると思っている。

会社はだれのためにあるのか。わかっていない経営者が増えている[17]。坂本光司氏（法政大学大学院政策創造研究科教授）は、主張する。「企業経営とは何か」。このことについては、さまざまな論議がありますが、これまでの企業経営に対する考え方は、「企業の業績を高めるための活動」「企業の業績を高めるための活動」「ライバル企業を打ち負かすための活動」さらには、「業界で一番になるための活動」などといわれてきました。しかしながら、こうした企業経営の理解は、決定的に間違っていたとおもいます。坂本氏によると、「企業経営とは、5人に対する使命と責任を果たすための活動」と定義している。その使命と責任とは、「幸福の実現」「幸福の追求」であるという。5人の幸福を実現するための活動とは、第1に「社員とその家族」、第2に「社外社員とその家族」、第3に「現在顧客と未来顧客」、第4に「地域社会・地域住民」、第5に「株主・出資者」であるという。第1番目に、縁あって会社に勤務してくれる社員（正規社員、非正規社員）とその社員を支える

家族のことをあげている[18]。

そこで、ある福祉施設の経営理念を例にとれば、地域福祉の貢献、安心・安全な利用者支援、健全な経営、などをうたっているのはあるが、施設職員の生活を先頭にあつかっている場合は、あまりみかけないようである。働く職員の安定した生活があって、利用者さんへの安心・安全な支援がよりできるのではなかと思うのだが。

福祉施設の現場から、福祉の実際について、若い人たちに向けて話し、伝えていくことが、筆者のできることであり、種を蒔くということではないかとおもっている。

【注】
1) 埼玉県手をつなぐ育成会編発『埼玉県手をつなぐ育成会創立50周年記念誌「新しい世紀の育成会活動を目指して』、加藤千加子「特別寄稿天の命ずるがままに」、2002年、5〜8ページ。
2) 読売新聞社「地球の散歩、パール・バックｉｎ鎮江」夕刊読売新聞、2012年7月20日付。
3) パール・バック著、新居格訳、中野好夫補訳『大地』(一)(二)(三)(四)、新潮文庫、2005年。
4) パール・バック著、伊藤隆二訳『母よ嘆くなかれ』法政大学出版局、2007年。
5) 松坂清俊著『知的障害の娘の母：パール・バック』文芸社、2008年。
6) ピーター・コン著、丸田浩訳代表、『パール・バック伝』(上巻)(下巻)、舞字社、2001年。
7) 朝日新聞社「地名歌語り　沖ななも　深谷・花園　地名と合わぬ山の風景」朝日新聞、2012年7月7日付。
8) 朝日新聞社「Ｕターン、ピークに」朝日新聞、2012年8月16日付。
9) 秩父鉄道小前田駅「深谷市花園地区プロフィール」2012年8月9日現在。
10) 花園村写真集編集委員会編『花園村の今昔』花園村、124ページ。
11) 前掲10) 125ページ。
12) 埼玉県社会福祉事業団花園『施設概要』2012年、1ページ。

13）牧野富太郎原著『新牧野日本植物図鑑』北隆館、2008年、10ページ。
14）三上常夫・河原田邦彦・吉澤信行著『鑑定図鑑　日本の樹木』柏書房、2009年、331ページ。
15）石井誠治著『都会の木の花図』八坂書房、2006年、158ページ。
16）前掲12)
17）坂本光司著『日本でいちばん大切にしたい会社』あさ出版、2010年。
18）坂本光司・価値研著『21世紀をつくる人を幸せにする会社』ディスカヴァー・トゥエンティワン、2012年、1～13ページ。

本稿は、田代国次郎先生喜寿記念論文集編集委員会編『いのち輝く野に咲く草花に』―田代国次郎先生喜寿記念論文集―、2012年、112ページ～118ページに掲載された。

工房はなぞのと地域とのつながり（概論）

はじめに

　埼玉県社会福祉事業団花園（深谷市小前田）は、平成23年4月、障害者自立支援法[1]に基づく障害者支援施設（生活介護110名、施設入所支援90名）に移行した。平成24年4月からは、障害者支援施設、福祉型児童入所施設として運営している。工房はなぞのは、生活介護Ⅱ（通所）として、地域の方々（定員20名、現員15名）が利用している。日中活動は、木工を中心としているが、手工芸、畑作業、散歩、環境整備、地域イベントの展示・販売等もおこなっている。今回は、工房はなぞのと地域とのつながりに焦点をあてて、現場の実践をまとめて報告しようと考える。

1　花園学園・花園児童学園と地域

　昭和38年11月、財団法人埼玉県精神薄弱者福祉会運営により花園学園が開設され、翌年、花園児童学園が併設された。開設当時は、手をつなぐ親の会の活動が基盤となり、ノーベル文学賞受賞作家のパール・バック女史（1892年～1973年）にお願いして、令嬢が利用されている施設をモデルにして造られたと言われている。当時としては、珍しい暖房つきの施設といわれ、昭和天皇・皇后陛下の行幸啓をはじめ、多くの見学者があった[2]。

写真—1
花園玄関ロータリーのハナミズキ、
2013年11月3日、筆者撮影。

　平成18年、旧深谷市、旧岡部町、旧川本町、旧花園町が合併し、深谷市となった。深谷市は、公民館単位ごとに12地区（深谷地区、藤沢地区、幡羅地区、明戸地区、大寄地区、八基地区、豊里地区、上柴地区、南地区、岡部地区、川本地区、花園地区）に区分けし、地域カルテを作成した（基本情報の各数値は平成21年4月1日現在）。この基本情報によると、花園地区は、人口12,929人、世帯数4,517である。うち、身体障害者404人、知的障害者

109人、精神障害者52人、障害者がいる世帯556世帯である。地域の教育、医療、福祉資源は、幼稚園1ヵ所、保育園5ヵ所、学童保育室4ヵ所、赤ちゃんＳＡ3ヵ所、小学校1ヵ所、中学校1ヵ所、図書室1ヵ所、公民館1ヵ所、介護施設6ヵ所、障害者施設8ヵ所、医療機関5ヵ所等である。花園地区は、秩父鉄道と国道140号に沿った地域と荒川右岸からなる地域で、米や野菜を中心とした農業が盛んな要素と、鉄道、幹線道路周辺は、商業施設の立地が進んでいる要素が共存する地域である[3]。当花園は、この地域とともに歩み、今年で開設50年という節目の時期を迎えた。記念事業として、記念誌の作成と施設内遊歩道づくりをすすめている。

2　利用者さんと保護者さん

　平成25年4月1日現在、工房はなぞのは、定員20人（現員14人）最高年齢65歳、最低年齢21歳、平均41歳（男性8人、女性6人）の方々が通所利用されています。8月1日付で地域から新規利用者（男性）が1人あり、現在は15人となった。うち10名は、当花園運営の2つのグループホームの利用者さんで、5人は地域から通所されている。利用者さんによっては、徒歩で通われている人や保護者さんの送迎で利用している。

　平成25年9月現在、その他、2人の利用希望者があり、体験利用をすすめている。また、男子棟利用者1人を実習として約6ヵ月間受け入れた。当事業所を利用することで、本人とともにお母さんの表情が少しずつ明るくなってくるようすが分かる。居場所をみつけた家族のようすをみると、この仕事の大切さを実感する。

　保護者さんによっては、高齢であったり、自宅が遠方であったりして、保護者会への参加や面会の少ないケースが多くを占める。

　一方で、とても熱心だったり、積極的にボランティアをしていただく保護者さんもいる。

3　地域イベントの販売・展示

　工房はなぞのは、地元地域を主体とした各種イベント等に協力参加し、販売や展示を継続して実施している。地域イベント販売では、道の駅アルエットまつり、深谷市福祉健康まつり、事業団施設イベント、保護者会等で販売

写真—2
道の駅はなぞのアルエット販売、
2013年4月13日、筆者撮影。

している。イベント展示は、深谷市障害者文化作品展、花園公民館まつり、県民の集い等に、積極的に展示紹介した。販売企画においては、人手が必要で、販売人の他、特に搬出・搬入時の体制づくりが課題である。

　生産活動等の事業で収入があった場合は、必要経費を控除した額に相当する額を作業奨励金として、利用者さんに支給しています。適正な支給にあたっては、支給要領、評価基準等を見直し検討した。平成24年度工房はなぞのとしての年間売上額は、約220万円、作業奨励金は、1人平均額、約5,000円だった。これは例年値をやや向上している。景気が衰退している時代で、しかも授産施設から生活介護へ移行した今でも、年間の売上額と作業奨励金の支給額を維持、または向上しつつあることは、利用者・保護者さんや関わる職員、地域とのつながりや支えがあってのことと考える。

4　ボランティアを受け入れて

　工房はなぞのでは、社会資源活用の一環として、地域、学生等のボランティアを受け入れている。平成24年度の花園のボランティア受入実績は、実人数211人だった。うち、工房の実績は、88人である。この値は、全体の約41％を占めている。平成25年度花園重点目標シートでも、受入実績10％増を目標値としている。ボランティアの内訳は、ボランティア体験プログラム事業、社会体験チャレンジ、保護者、個人ボランティア、などがあげられる。実に、小学生、中学生、高校生、大学生、一般、個人にわたる幅広い年齢層の方々を受け入れていることになる。

　ある広告会社の社会貢献意識に関する調査によると、ボランティアに参加したい人は、世代を問わず4割程度いるものの、そのうち7割は、実際には参加できていない、という結果が報告された。「ボランティアに参加したい」という前向きな世代は、60才代以上が最も多く（45％）、少ないのは、30才

代（35％）だった。当施設の傾向としては、女性のボランティアの方々が多いように感じられる。

　ボランティア（volunteer）とは、義勇兵の意、志願者、奉仕者、自ら進んで社会事業などの無償で参加する人のこと[4]。「やる気」「世直し」「手弁当」、教科書では、「自発性」「社会性・公益性」「無償性」など、といわれる[5]。ボランタリズムの原点、ボランティアの4つの原則は、①自主性・自発性・自立性、②無償性、無耐価性、無給性、③連帯性、社会性、福祉性、④先駆性、開拓性、創造性等があげられる。語源は、ボロンテ、ボルンタス、あるいは英語のウィル（意思）の語源ヴォロ（ラテン語）が祖。自由、勇気、正義などの意味であるという[6]。大熊由紀子さんによると、「ボランティアするのは楽しい、されるのは気が重い。真のボランティアは、自分がボランティアと気づいていない。ボランティアは、法律を、制度を超える。伝染する。ボランティアがつながると、社会が変わる。恋するようにボランティアを」と訴える[7]。

　福祉現場が望むボランティアとは何か。例えば、工房はなぞのの場合、自分の意思で来て、自分のできることをしてくれる人。イベント販売のとき、朝早くからきて準備と力仕事をして、販売終了のときに来て、片づけと力仕事をしてくれる人。などがとてもありがたいボランティアである。ところが、そういう人はなかなか見当たらない。本当のボランティアとは何か。正直に言えない現場の本音がある。

5　地域とのつながり

　工房はなぞのは、地域とのながりや連携によって運営されている。本稿では、花園地区、利用者さんと保護者、地域イベント、ボランティアを取り上げた。その他の社会資源とのつながりでは、埼玉県、市町村、社会福祉事業団、社会福祉協議会、自治会、民生委員、児童委員、児童相談所、介護施設、障害者施設、特別支援学校、中学校、小学校、公民館、医療機関、大学、短期大学、実習生、郵便局、消防署、警察署、道の駅、駅、ホームセンター、スーパー、庁舎維持関係業者、相談支援事業所、保健所、農業者トレーニングセンター、など、多くの資源や機関、人々とつながっている。さらに、新

しいつながりが生まれたりする。例えば、地域イベント等で木工製品を販売していると、小物販売から大口の仕事が入る場合も少なくない。大口の仕事は、収入増に直結するが、小物製品でも気に入って購入していただき、問い合わせやお礼の手紙をいただくと、とてもうれしいきもちになる。そういう想いを利用者さんと職員間で共有している。

概論のまとめとして（地域と歩む施設づくりを目指して）

　工房はなぞのは、花園の中にある生活介護Ⅱ（通所）という小さなチームで、限られた人材で運営しているが、地域とのつながりを通してより多くの事業を展開してきた。施設は、利用者さんが安心して利用できる質の高いサービスの提供が求められる。その対極にあるのが、事故の発生や不適切な対応で、その未然防止に努める必要がある。私たちは、利用者さんにとって、「ここで仕事（活動）がしたい」「ここへ来るのが楽しい」と感じられるようにしたいと思って支援している。それは、職員にとっても同様である。これからも安心・安全な施設、地域とともに歩む施設づくりを目指して取り組んでいきたいと考える。

　本稿は、平成25年11月10日（日）に開催された立正大学社会福祉学会第15回大会（立正大学熊谷キャンパスアカデミックキューブ）において、ポスターセッション発表した[8]。これは概論であり、これから各論を展開しようと考える。本学会発表会では、矢上克己先生（清泉女子学院短期大学）、石坂公俊先生（高崎健康福祉大学）、大塚良一先生（東京成徳短期大学）等の研究発表があり、田代国次郎先生から直接コメントをいただいた。途中、先生は都合により退席し、筆者らがＪＲ熊谷駅まで先生をお送りした。次は、来年の3月、田代先生とその教え子らが集合する予定なのである。

　話しは変って、埼玉県社会福祉事業団花園は、今年の11月で50周年を迎えた。

写真－3
立正大学社会福祉学会でコメントする田代国次郎先生
2013年11月10日、筆者撮影。

記念事業のひとつとして、保護者会を中心に記念誌の編集をすすめてきた。「やっと、記念誌が完成しました」11月20日（水）の夕方、保護者会の会長さんから連絡が入った。Ａ４版、カラー、約100ページの冊子[9]。大変おつかれさまでした。

【注】
1) 障害者自立支援法は、平成25年4月改正され、障害者総合支援法となった。
2) 社会福祉法人全国社会福祉事業団『全事業だより』（第71号）、2013年、3ページ。
3) 深谷市福祉健康部福祉課、深谷市社会福祉協議会地域福祉課編発『深谷市地域福祉計画・深谷市地域福祉活動計画』2010年、27ページ、106ページ。
4) 新村出編『広辞苑』（第五版）岩波書店、1998年、2473ページ。
5) 大熊由紀子著『恋するようにボランティアを』ぶどう社、2008年、38ページ〜39ページ。
6) 富士福祉事業団『ボランティア』（2011年4月号）、2011年、4ページ〜18ページ。
7) 前掲5) 3ページ〜6ページ。
8) 立正大学社会福祉学会『立正大学社会福祉学会第15回大会発表要旨』2013年11月10日。58ページ〜59ページ。社会福祉事業団花園からは中島幸恵、吉田博行の2名が代表として出席した。
9)「花園創立50周年記念誌」編集委員会編『花園創立50周年記念誌幸せを願って半世紀』花園クローバーの会（非売品）、2013年12月1日。

本稿は、草の根福祉編集委員会編『草の根福祉』（第43号）、126ページ〜128ページに掲載された。

木の香りに包まれた癒しの空間

　森の風景や香り、木々の音や感触は、心身を癒す効果があるといわれています。樹木が放散するフィトンチッドという化学物質が、人間をリラックスさせることがわかってきました。早朝、作業場へ入ると木の香りがします。埼玉県深谷市小前田にある埼玉県社会福祉事業団「花園」は、平成23年4月、障害者自立支援法に基づく、障害者支援施設（生活介護110人、施設入所支援90人）に移行しました。平成24年4月から障害者支援施設、福祉型障害児入所施設として運営しています。「工房はなぞの」は、生活介護（通所）として、地域の方々が利用され、4月現在は、14名（男性8人、女性6人）の利用者さん（平均年齢41歳）が通所され、主に木工を中心に活動しています。かつて、平成17年4月から平成23年3月の6年間は、知的障害者通所授産施設として、運営していました。日中活動は、木工の他、手工芸、畑作業、環境整備、散歩、地域イベントの展示・販売等もおこなっています。

　旧花園町の前身である花園村ができたのは、明治22年。この美しい村名は、戦国時代にこの一帯を領有していた藤田康邦の居城「花園城」の名前をとってつけられました。昭和58年に県内37番目の町となり、平成18年に旧深谷市、旧岡部町、旧川本町、旧花園町が合併し「深谷市」となりました。

　昭和38年11月、財団法人埼玉県精神薄弱者福祉会運営による「花園学園」が開設、翌年に「花園児童学園」が併設されました。昭和47年11月からは、埼玉県社会福祉事業団が埼玉県から施設の管理運営を受託し、平成17年4月からは自主経営施設となりました。開設当時、手をつなぐ親の会の活動が基盤となり、ノーベル文学賞受賞作家のパール・バック女史（1892年〜1973年）にお願いして、令嬢が利用されている施設をモデルにして造られたといわれています。当時としては珍しい暖房つきの立派な

【写真】工房はなぞので作成した木工製品など。
2012年10月19日撮影。同様の写真は、深谷市社会福祉協議会によるカレンダー（2013年）の表紙になりました。「全事協」のホームページでも紹介しています。

施設といわれ、昭和天皇・皇后両陛下の行幸啓をはじめ、多くの見学者がありました。

　むかし、植樹された大王松（ダイオウショウ）が、今も元気に正面玄関左手にそびえ立ち、ダチョウの玉子ほどの大きなまつぼっくりがたくさんできます。工房はなぞのでは、地面に落ちたまつぼっくりを利用者や職員が丁寧に集めて、販売しています。今年度は、まつぼっくりとみみずく（フクロウ）をモチーフにキャラクター（大王みみじろう）を考案しました。「ゆるキャラ」の一員として、製品販売促進とイメージアップを展開しています。

　本稿は、全国社会福祉事業団協議会「全事だより」71号、2013年、3ページに掲載された。

平成 22 年 2 月 20 日

グループホームの1年を振り返って

平成21年度、グループホームの1年を振り返ると、いろいろなことがありました。

春　新年度は新規世話人さんが採用されました。5月ゴールデンウイークは、合同寮を行いました。6月、世話人さんの入れ替えがありました。

夏　宿泊旅行(7月12日〜13日)を行いました。かんぽの宿(寄居)に宿泊し、ちちぶ道の駅、秩父物産館などで、食事と買い物をしました。8月夏季は、合同寮を行いました。世話人さんの入れ替えがありました。

秋　9月、利用者さんの入退院の対応が頻繁にありました。10月は、新規世話人さんの採用がありました。

冬　忘年会（12月18日）を行いました。年末年始は合同寮を行いました。2月1日、発障協主催のボウリングAブロック大会に出場し、花園（グループホーム利用者）が優勝しました。

　　グループホームのモットー　=　「のんびり、ゆったり、がんばるときはがんばる元気なグループホーム」を目指して、いきたいとおもいます。

第2章

社会福祉労働の基礎的研究

1 戦前社会福祉施設の労働を考える …………………………… 100
2 埼玉育児院創設期の記録 ……………………………………… 116
3 保育園民営化の諸問題 ………………………………………… 140
4 指定管理制度の導入と社会福祉施設 ………………………… 156
5 新潟県における女工保護組合の展開 ………………………… 173

戦前社会福祉施設の労働を考える

序章　研究の視点と課題

　社会福祉に従事する者の労働は、一般的に劣悪である。このことは、歴史的事実であり、その基本的な問題は、従事者の資質と待遇の問題である[1]。わが国の社会福祉は、その時どきの時代によって、変化、発展を遂げ現在に至っている。同様に、その労働もまた歴史的経過を歩み、今日の姿につながっているのである。古くから、よく「福祉は人なり」言われ、あたかも「善意にみちた人」がいれば、その仕事はできるかのような認識を広めてきた。しかし、新しくは「福祉は人と科学なり」に転換し、福祉専門職として位置づけられ、善意や慈悲の行為としてではなく、あくまで人間が、人間として生きる生活全体を体系的、科学的に学びながら支援する専門職として、確立すること[2]が求められている。そして、社会福祉の労働は、人間のいのちを守る営みであって、人間尊重を第一義とし、すぐれて高い倫理性が要求される職業である。それゆえ、社会的役割にふさわしい労働条件や生活条件が保障され、社会的地位が与えられなければならない[3]。ところが、現実は、そうなっていない。とくに、社会福祉施設で働く人々の問題は、深刻であり、低賃金、長時間労働、高い労働密度、貧弱な保険制度と身分保障、健康破壊などの諸問題がいつも存在し、安心して働ける職場とは言い難い。社会福祉の長い歴史のなかで、これら諸問題について部分的に論じられてきたが、どれ程改善されてきたのであろうか。戦前、戦後をとおして、従事者は、極めて厳しい状況下において、社会福祉の現場を支えてきたのである。本稿の視点は、社会福祉施設の労働に関する研究の一環として、戦前社会事業従事者の実態を、その歴史的経過を追いながら明らかにしようとするものである。

　ところで、戦前社会事業従事者の動向に転じれば、慈善事業従事者を養成する機関として、わが国で最も早いものは、1899（明治32）年、留岡幸助による家庭学校に付設した慈善事業師範部（師範学校）による教育であろう。慈善事業師学校が家庭学校に設置されたのは、1901（明治34）年10月で、これは、専門的な社会事業教育を授けた施設の嚆矢とされている[4]。1908（明治41）年には、内務省主催による第1回感化救済事業講習会（社会事業講習会）が開催

された。この他、大正中期から大学・研究機関等において、社会事業従事者の養成が本格化された。とはいえ、日本の資本主義発展のなかで出現した膨大な貧困問題等は、もはや個人的な慈善家、奉仕者、篤志家のみでは解決つくような規模、内容ではなかった。労働の現場は劣悪で、労働条件や身分保障、待遇なども整備されなかった。中央社会事業協会は、こうした事情を踏まえ、杵渕義房主事らによって社会事業従事者の生活実態調査を行い、共済組合の設立を目指し、その事業を開始した。社会事業従事者の「資格」問題については、海野幸徳（1879年〜1955年）、山室軍平（1872年〜1940年）などによって論究されたが、切実な労働条件、科学的実践などについて、十分検討するには至らなかった。そのため、とくに民間社会事業従事者の労働条件は劣悪で、現業に携わる下級従業員の現実の待遇は、殆ど酷使であるといえる状況であった[5]。また、全日本私設社会事業連盟により、社会事業施設の課題や従事者問題などについて検討された。しかし、時代は戦時体制下へ突入し、社会事業従事者の諸問題は、殆ど改善をみないまま敗戦を迎えたのである。

　一方、社会福祉に従事する者を対象とした定義づけは、論者によってまちまちであり、しばしば、呼称のあつかいには苦慮する。唯一の『社会事業従事者』を著した鷲谷善教（1913年〜2003年）は、論ずる場合の一応の概念規定と用語を用いる考えを示していた。鷲谷によれば、「社会事業」にかえて「社会福祉」を用いたとしても社会事業の現実は、名称の変化によって変わる筈もない。名称は固定的でなければならないという理由もない。したがって、何れの名称にこだわることもないと考え、適宜用いることにした[6]。と述べていた。

　社会福祉の現場で働く人々に対する呼称は、社会福祉の時代的な変遷とともに変化した。かつて明治期以来は、「社会事業家」にあてられていたが、やがて現場で働く一般の「社会事業従事者」となった。戦後は、欧米からの社会事業理論の導入とともに「ソーシャル・ワーカー」という呼称が一般化された。1960年代後半に生じ、70年代に定着したのは、「福祉労働者」である。これは、労働市場における賃金労働者としての呼称である[7]。さらに、これらに関連した文献や論者によっては、「社会福祉従事職員」、「社会福祉専門職」、「社会福祉施設職員」など、さまざまな呼称が用いられている。本稿で

は、社会福祉施設に従事する者に視点をあてて、その労働に関して検討したい。よって、時代や内容に応じて適宜、社会事業家、社会事業従事者、従事者などの用語を用いた。

第1章　明治期の慈善事業と従事者
　「労働」とは、ほねおりはたらくこと。体力を使用してはたらくこと。人間が自然に働きかけて生活手段や生産手段をつくり出す活動[8]である。わが国において、その「労働」という文字は、いつ頃から使われ始めたのだろうか。従来、労働の「働」には、「動」があてられていた。三浦豊彦（1913年～1997年）[9]によると、1881（明治14）年に発刊された『東京医事新書』第161号に「職業衛生概論」という欧州の衛生書から翻訳した論文では、「労動」と載っていた。さらに、1884（明治17）年、同じ雑誌の第339号「身体労動論」という翻訳論文においても「労動」であった。そして、1899（明治32）年に刊行された横山源之助（1871年～1915年）[10]著『日本之下層社会』のなかでは、「労働」「労働者」という文字が用いられていた[11]。よって、「動」から「働」に変わったのは、明治中期頃であろうという。
　その横山による『日本之下層社会』で、北陸の慈善家として、小野太三郎が、大阪の慈善家として、小林佐平の小林授産場が取り上げられている。小野太三郎は、元治元年頃（25、6歳頃）から救済事業に身を捧げ、金沢市内木ノ新保の一屋に盲人20余人の収容を始め、私費450有余円を投じて家屋6棟を購入し、独力で600有余人の窮民を救養した。生計は苦しく家産の殆どを尽くした。容貌は、裸足で汚れた短い股引に汚れたシャツ1枚、衣類は常にあり合わせの襤褸をもって済ました。食物は、残飯を充て、不足分は、米麦を購入した。救養費は、所有の千歩の田畝から得たものと、健全な被養者が労働して得た額の中から幾分を出せる等を除けば、他に収入はなかった。時どき、同感者による特志によって、その1日を支えた。
　一方、大阪の小林授産所は、82人を収容していた。うち15歳以下は50人。他は15歳以上で、56歳の老人もいた。このうち55人は、某工場の燐寸軸並べに従事し、年長者20人は、大阪市中の便所掃除に、別の市中の橋梁掃除に7人が従事していた。食事は朝夕粥にして菜は漬物、昼飯は南京米に、あ

り合わせの汁のみであった。授産所の2階十畳の部屋にある児童の寝室は、畳4枚。軸木が散乱している部屋に入ると足袋のコワデの辺りがむずかゆく、手を当てると蚤であった、という。軸並工場の前に行くと、いいようのない臭気が鼻をついた[12]、と記される。当時、慈善事業に従事する者は、慈善家と呼ばれつつも、それ事態が貧しい状態におかれていたのである。

　ところで、施設による収容保護の歴史は、古くて長い。生活に困窮した人々の救済施設では、聖徳太子による四箇院（敬田院、悲田院、療病院、施薬院）にまで遡ることができるとされる。その後、奈良時代の行基による布施屋、鎌倉時代の忍性による悲田院、江戸時代の松平定信や加賀藩での窮民施設など、どの時代にも救済はあったが、貧窮民、孤児孤老の施設による本格的救済は、明治時代に入ってからであろう。1874（明治7年）年、明治政府によって恤救規則が制定され、一般的救済は規定されたが、施設収容の定めはなかった。よって、施設による救護は、宗教家や資産家、篤志家などによる奉仕的、意欲的な慈善救済を待たねばならなかった。例えば、1869（明治2）年に松方正義による日田養育館（大分）、1872（明治5）年に仏人ラクロット女史による和仏学校（慈仁堂）、1874（明治7）年に岩永マキによる婦人同志育児所（うみのほし会浦上養育院）、1887（明治20）年に石井十次による孤児教育院（岡山孤児院）、1891（明治24）年に石井亮一による孤女学院（滝乃川学園）、1892（明治25）年に宮内文作らによる上毛孤児院、1899（明治32）年に留岡幸助の家庭学校（東京巣鴨）、1900（明治33）年には、野口幽香らによる二葉幼稚園（東京）など、さまざまな施設が創設された[13]。

　明治の後半期は、慈善事業あるいは、救済事業が一斉に展開する時期を迎えた。こうした慈善事業展開期における施設と従事者の概要をみておこうと思う。1887（明治20）年までに設立された施設は、57ヵ所しかなかったものが、1898（明治31）年以降では、411ヵ所、あるいは1903（明治36）年以降に設立されたものだけでも296ヵ所となった。内務省地方局が把握した1911（明治41）年の全国の施設実態によれば、施設設置数548ヵ所、収容人員69,955人、従事者数4,315人であった[14]。その内訳を施設でみると児童関係保護施設が319ヵ所（58％）、従事者数1,936人（約45％）と最も多くを占めていた。次いで第2位は、救療事業で、設置数72ヵ所（約13％）、

従事者数1,201人であった。ここでのデータを設立主体別にして全体としてみると、官公立は、僅かに1割。民間施設のうち3分の1は、法人立であったが、全体の6割以上は個人経営で、その多くが宗教団体によって設立されたものであった。特に児童施設にその傾向が強く、キリスト教系の施設が主導的であった。施設従事者5人未満の施設が全体の54,2％であることから、小規模で、貧弱な経済基盤のもと財政面においても困難に直面していたことが分かる。

表－1　全国の救済施設の実態（1911（明治41）年の統計）[15]

事　　業	事業数	経　費	基　金	職　員	被救護人員
育　児　及　保　育	150	495,789円	1,772,328円	959人	7,917人
養　　　　　　　老	17	174,455	948,198	270	1,597
施　薬　救　療	72	851,407	8,856,504	1,201	延人員2,326,395
窮　民　救　済	42	47,212	708,402	185	延人員390,375／実数3,970
授産及職業紹介	30	255,585	481,572	158	11,521
宿　泊　救　護	13	21,724	87,433	25	延人員70,549
婦　人　救　済	2	2,923	12,292	5	119
軍人家族遺族救護	10	136,155	1,094,475	208	28,082
感　化　教　育	53	280,021	?	317	1,332
特殊教育（イ）盲唖教育	62	125,867	729,944	449	3,138
（ロ）子守教育	7	2,220	2,508	32	538
（ハ）貧児教育	32	20,203	63,090	101	2,540
（ニ）其他特殊教育	13	27,846	119,199	78	467
以上ノ分類ニ入リ難キモノ	45	93,573	1,347,684	327	8,734
合　　　計	548	2,534,980	16,223,629	4,315	69,955／延人員2,787,323

一方、社会事業教育の発端は、1899（明治32）年、留岡幸助（1864年～1934年）による家庭学校に付設した慈善事業師範部による教育である。他の社会事業の領域において、従事者教育は、登場する基盤さえもなく、政府においてもその種の事業の必要性は、眼中にもない状態であった[16]。留岡の慈善事業師範学校は、将来、慈善事業に従事しようとするものを養成することを目的とした。入学試験は、数学、地理、歴史、漢文作文、生理からなっ

ており、学科として挙がっているものは、聖書、慈善事業、心理学、歴史、犯罪学、社会学、教育学、倫理学、英語などのカリキュラムで、当時の従事者養成の水準からみれば、高い水準であった[17]といえる。

第2章　大正期の社会事業従事者の実態

　大正期中旬以降は、社会事業の成立期といわれる。慈善事業から社会事業の名称に変化していく。中央慈善協会は、1921（大正10）年、「社会事業協会」と改称した。機関誌『慈善』も1917（大正6）年に『社会と救済』へ、そして1921（大正10）年に『社会事業』と改題された[18]。

　大正期の社会事業施設の種類と数について、1918（大正7）年の米騒動を前後する1914（大正3）年末と1919（大正8）年末の状況を概観しよう。全国社会福祉協議会によると、大正3年の社会事業施設は、625ヵ所、大正8年では、974ヵ所であった。施設の種類では、大正3年末の段階で育児事業施設のほか、施薬施設、窮民救助を目的とする施設が中心であった。対して、大正8年では、軍事救護に関連した施設が整備された[19]。

　第1章でみてきたとおり、社会福祉施設の本格的な創設は、明治期以降であり、これまで、社会事業が発展してきたにもかかわらず、当時の社会事業家について、その生活状態や待遇、年齢、人数等の正確な統計が見あたらなかった。そこで、ここでは、わが国で最初の従事者の生活実態調査といわれる社会事業協会が実施した「社会事業の主体及び従事者の調査」をみることによって、当時の社会事業従事者の実態を捉えようと思う。

第1項　社会事業家に関する統計的観察

　「社会事業の主体及び従事者の調査」の目的は、当時の社会事業家に関する統計が皆無といってよい状況であったこと。特に、社会事業家の経済状況を把握することで、優遇措置の実施などを促進し、社会事業の奨励をすすめていくことにねらいがあった[20]。調査の方法は、政府をとおし各地方庁を経て、調査票を配布し、1922（大正11）年12月末現在における所定事項の記入を依頼した。調査票は「社会事業主体調査票」（甲号票）と「社会事業従事者調査小票」（乙号票）の2種類である。前者は、事業主体の地方的分布

や大小等を大観し、後者は従事者の年齢、異動、生活状態等を調査[21]しようとするものであった。

表-2 甲号表（表面）と乙号表（表面）[22]

調査票を配布したのは、事業主体 3,190 ヵ所、従事者 5,308 人で、回答があったのは事業主体 1,468 ヵ所、従事者 3,675 人であり、そのデータは専門家によって分析が加えられた[23]。

なお、この調査は、社会福祉協議会の杵渕義房主事が担当し、1923（大正 12）年 1 月から 7 ヵ月を費やして実施された。

第 2 項　社会事業家に関する統計結果

事業主体及び従事者の調査から主な統計結果を概観し、当時の実態をまとめてみようと思う。表 − 3 は、回答のあった事業主体と従事者数を一般社会事業と釈放保護事業に大別し、さらにその従事者の男女別数を表示したものである。同調査を担当した杵渕によると、事業及び従事者の地方分布の状態では、大都市を中心とした府県に多くの従事者がいることが大観できた。最も多数の従事者があるのは、東京府（1,081 人）、第 2 位が大阪府（559 人）、神奈川県（224 人）、兵庫県（181 人）、京都府（174 人）、愛知県（122 人）、北海道（96 人）、鹿児島県（92 人）の順であった[25]。

表 − 3　事業所（ヵ所）と従事者数（人）[24]

	事業数	従事者数		
		男	女	計
一般社会事業	905	2,301	1,275	3,576
釈放保護事業	563	94	5	99
計	1,468	2,395	1,280	3,675

表 − 4　従事者（人）及び事業所（ヵ所）種類別数表[26]

	従事者数(人)	事業数	一事業平均従事者(人)
児童保護	1,386	350	3.96
医療的保護	732	114	6.42
一般的機関	562	88	6.4
経済的保護	357	191	1.87
窮民救助	259	79	3.29
特別救護	115	14	8.21
釈放者保護	99	563	0.18
社会教化	89	45	1.98
雑	76	24	3.17
計	3,675	1,468	2.5

次に、従事者数と事業種別に表したものが表 − 4 である。事業数で最も多数のものは、釈放保護事業（563 ヵ所）、次いで児童保護事業（350 ヵ所）であり、従事者数で最も多いのは、児童保護（1,386 人）で、第 2 位は、医療保護（732 人）であった。

なお、従事者の男女別では、男子従事者総数2,395人に対して、女子従事者数は、1,280人で、男子の半数強を占めていた[27]。
次に、社会事業主体に関する統計結果を概観しよう。一事業の出資金額を分類比較したものが表－5である。

表－5　出資金額等級別事業数表（ヵ所）[28]

支出金	一千圓以下	二千圓以下	五千圓以下	三千圓以下	七千圓以下	一萬圓以下	一萬五千圓以下	二万圓以下	五万圓以下	三万圓以下	七万圓以下
事業数	488	127	105	87	54	52	41	35	27	24	11

	二十万圓以下	三十万圓以下	十万圓以下	五十万圓以下	七十万圓以下	三百万圓以上五百万圓以下	支出金不明
	11	9	8	3	2	1	387

　表－5によると、出資金千圓以下の事業所（488ヵ所）が最も多く、第2位が二千圓以下（127ヵ所）、次に五千圓以下と続いた。
なお、出資金不明の事業所が387ヵ所と多数に上っているのは、調査票に記入しなかったものがあったことと、釈放保護事業施設の殆どが活動しないために、経費を要しなかったことによる[29]。

表－6　従事者数等級別事業所（ヵ所）[30]

従事者数	5人以下	10人以下	15人以下	20人以下	25人以下	45人以下	30人以下	35人以下	40人以下	50人以下	65人以下
事業数	571	114	26	19	8	3	2	1	1	1	1

	70人以下	80人以下	135人以上144人以下	無資格者のみ
	1	1	1	717

表-6のとおり、一事業所における従事者数をみると、無資格者（主として名誉職）のみを従事者とする事業数が最も多く、総事業数の49％を占めていた。つまり、このことは、社会事業がいかに多くの篤志家によって経営されているかを物語っていることである。次に多いのが5人以下の従事者を有する事業で、その数571ヵ所で事業総数の3割9分を占めていた[31]。

表-7　従事者の年齢別表（人）[32]

	20歳以下	25歳以下	30歳以下	35歳以下	40歳以下	45歳以下	50歳以下	55歳以下	60歳以下	65歳以下	70歳以下	75歳以下	80歳以下	85歳以下	年齢不詳	計
男	45	230	348	363	328	272	234	223	191	96	47	13	3	-	2	2,330
女	214	304	196	169	112	94	66	54	36	13	14	4	-	2	2	1,258
計	259	534	544	532	440	366	300	277	227	109	61	17	3	2	4	3,588

当時の社会事業従事者の年齢現況は、どのようになっていたのだろうか。表-7の年齢別表を概観する。第1位は、26歳以上30歳以下の544人、第2位は、21歳以上25歳以下の534人、次いで31歳以上35歳以下の532人であった。注目すべき点は、51歳以上の年長従事者の割合が高値を示していたことである。

表-8 従事者の勤続年数（人）[33]

	45年以下	40年以下	35年以下	30年以下	25年以下	20年以下	15年以下	10年以下	7年以下
男		2	5	16	22	69	182	178	115
女	1	1	4	7	6	30	64	65	67
計	1	3	9	23	28	99	246	243	182
順位	14	13	12	10	9	8	5	6	7

5年以下	3年以下	2年以下	1年以下	採用年不明	計
312	330	466	688	10	589
182	180	229	441	3	245
494	510	695	1129	13	834
4	3	2	1	11	

　一事業における従事者の勤続年数は、どのような状況にあったのだろうか。第1位は、1年以下（1,129人）、次いで2年以下（695人）、3年以下（510人）と続き、勤続年数の少ないことが分かる。

表-9 従事者の給与（人）[34]

	20圓以下	30圓以下	40圓以下	50圓以下	70圓以下	100圓以下	150圓以下	200圓以下	計
男	55	182	266	309	627	544	298	114	2395
女	158	413	307	175	168	46	13	—	1280
計	213	595	573	484	795	590	311	114	3675
順位	7	2	4	5	1	3	6	8	

従事者の給与を男女別に表したものが表-9である。結果、51圓以上70圓以下の795人が最も多く、第2位は21圓以上30圓以下の595人。次いで、71圓以上100圓以下となった。これらを総括すると社会事業家の過半数以上は、50圓以下の給与を受けていることが明らかとなった。さらに、その給与月額の平均額を算出すると、男女合計の1人平均は、59圓27銭に過ぎなかった。また、当時の官公史と一般従事者の給与月額を比較した場合、前者は76圓61銭に対して、後者は52圓53銭で、その差額は24圓8銭であったという。しかも勤続年数が増加しても給与は殆ど増加しない大勢を示していた[35]。

その他、社会事業従事者の家族を有するものの割合では、従事者総数3,675人中、家族をもっている者は、2,537人で、総数の約7割を占め、1人平均家族員数は約3人である[36]ことが分かった。

第3項　社会事業家に関する統計

第2章では、大正期の社会事業従事者の実態を確認するために、1923（大正12）に社会事業協会によって実施された「社会事業の主体及び従事者の調査」結果の概要をまとめ概観した。これによって社会事業家の置かれていた状態をみることができると考える。

ここで取り上げた主な内容を整理すると、

① 社会事業主体及び従事者の地方分布の状態は、大都市を中心とした府県にその多くを占めていた。
② 社会事業主体としては、釈放保護事業、児童保護事業の割合が多くを占め、従事者数は、児童保護に最も多かった。
③ 出資金額は、1,000圓以下の事業主体が多くを占めていた。
④ 社会事業は、多くの篤志家によって経営され、しかも小規模の事業主体が約4割を占めていた。
⑤ 従事者の年齢は、20歳代～40歳代を主体とするが、一方で50歳以上の年長従事者の割合も目立っていた。
⑥ 従事者の勤続年数は、短期間であることが上位を占めていた。
⑦ 一般従事者の平均給与月額は、52圓53銭で、勤続年数によっても増

加しない。一方、官公史のそれは76圓61銭であった。
などであろう。

　この調査によって、従来の個人篤志家による慈善活動が限界期を迎えていることが明らかとなった。本調査を担当した杵渕は、社会事業家の質が良好でないと非難されるに至ったのは、決して偶然ではなく、むしろ当然の結果であり、社会事業従事者を優遇する方策を確立せねばならない[37]と述べた。その後、1928（昭和3）年4月から私設社会事業従事者のための共済組合事業を開始することとなる。また、1935（昭和10）年には第2回の調査が実施され、具体的な統計資料の裏付けを背景として、社会事業経営者に多くの示唆を与えることとなった[38]。

第3章　昭和初期社会事業従事者の状況

　大正末から昭和初期にかけて、社会事業の発展とともに社会事業施設の増加がみられた。一方で、昭和恐慌、東北・北海道の大凶作などによって、施設経営は厳しい状態が続いた[39]。制限的な恤救規則に代わって国家責任を明確にした救貧制度の必要性が論議され、1929（昭和4）年に救護法が成立した。しかし、政府は財政事情を理由に引き延ばし、実施されたのは、1932（昭和7）年であった。これによって、民間社会事業の運営にとっては、経営基盤の安定につながる転機となり、以後、急速に施設が増設されていった。さらに、社会事業家の連帯の動きもみられ、西日本私設社会事業連盟、東京私設社会事業連盟、関西私設社会事業連盟などがあいついで設立され、1931（昭和6）年7月に全日本私設社会事業連盟の結成大会が、東京の華族会館で開催された[40]。1939（昭和13）年には社会事業法が成立し、民間社会事業施設の運営を近代化する法的裏付けとなった。しかし、以後、わが国は本格的な戦時体制に入り、社会事業は戦時厚生事業へ変質していった。施設数も大幅に減少し、経営難で閉鎖となった施設や空爆によって壊滅した施設も多々あった。こうした状態を迎え、社会事業従事者の待遇改善は、報われることなく、事態はむしろ悪化し、貧困は、国民全体の問題となっていた。

　かつて、労働の「働」には「動」という文字が用いられていた。これが「働」

に代わったのは明治中期頃であった。わが国における社会福祉施設による本格的な救済は、明治期になってからのことで、当時は宗教家や資産家、篤志家などによる慈善救済であった。明治期の社会事業施設の多くは家族的経営（小規模）のもと、経済的基盤が貧弱で常に困難に陥っていた。大正期は、慈善事業から社会事業へと名称が変化し、施設数も増加がみられた。しかし、社会事業家に関する統計的把握は、なされていなかった。わが国で最初の社会事業従事者の実態調査といわれる社会事業協会が行った「社会事業の主体及び従事者の調査」統計結果をみることによって、当時の従事者実態を概観した。これによっても、社会事業施設と従事者のおかれている状況は、従来の慈善的要素を多分に包含していた。昭和初期においては、救護法や社会事業法が成立された。しかし、事態は戦時体制に突入し、社会事業と従事者の待遇は改善どころかむしろ、悪化、低下に向かっていった。

このように、戦前の社会事業は、時代の影響の多くを受けながら、劣悪な労働のもと社会事業従事者によって実践されてきた。社会事業の発展を支えてきたものは、愛と奉仕による精神の強調である。一方でそれは、社会事業を労働として確立することを困難にしていた要因の1つでもあった。旧来の社会事業の限界をみることによって、科学的知識に基づいた社会事業の必要性が求められていった。

【注】
1) 鷲谷善教著『社会事業従事者』ミネルヴァ書房、1969年、8ページ。
1913年大阪生まれ。大阪外語大学（露語部）卒業。日本社会事業大学名誉教授。主な著書は、『私たちの保育政策』文化書房博文社、『働く婦人と保育所』共著：労働旬報社、『扶養と福祉』共著：至誠堂、『社会保障辞典』共著：家の光協会など。2003年11月27日午後5時6分敗血症のため逝去。享年90歳。
2) 田代国次郎著「社会福祉労働の危機を問う」『中国四国社会福祉史研究』（第1号）中国四国社会福祉史研究会、2002年6月、3ページ。
3) 日本福祉大学社会福祉学会編『社会福祉を招く－福祉職員への期待とその

実践』ミネルヴァ書房、1984年、14ページ。
4）室田保夫著『留岡幸助の研究』不二出版、1998年、460ページ。
5）田代国次郎「社会福祉労働者問題の研究動向と課題」『社会福祉研究の課題』ミネルヴァ書房、1973年、244ページ～253ページ。
6）前掲1）1ページ～7ページ。
7）仲村優一、三浦文夫、阿部志郎編『社会福祉教室』有斐閣選書、1981年、278ページ～281ページ。
8）新村出編『広辞苑』（第5版）岩波書店、1998年、2,845ページ。
9）三浦豊彦、1913年、台湾生まれ。1940年、日本医科大学卒業。同年（財）労働科学研究所入所。1948年、医学博士。1964年、労働科学研究所研究部長。1971年～1980年、労働科学研究所副所長。1988年、労働科学研究所名誉研究員。1997年12月31日逝去、享年84歳。主な著書は、『現代労働衛生ハンドブック』労働科学研究所出版部、1988年。『労働の衛生学（4訂版）』大修館書店、1982年。『新生活の衛生学』労働科学研究所出版部、1978年など、その他多数。
10）横山源之助、1871年～1915年。富山県出身で、明治時代の社会問題研究家。東京法学院（中央大学）卒業。弁護士を志したが、二葉亭四迷、松原岩五郎らの影響をうけて社会問題に関心をもった。1894（明治27）年、横浜毎日新聞社の記者となり、下層社会の実態を調査し、ルポタージュを書いた。1912（大正1）年、移民の実態調査のため、ブラジルへ渡った。1915（大正4）年6月3日、44歳で死去した。
三浦豊彦著『労働と健康の歴史第二巻』労働科学研究所出版部、1992年、227ページ。
11）三浦豊彦著『暉峻義等－労働科学を創った男－』リブロポート、1991年、9ページ～11ページ。
12）横山源之助著『日本の下層社会』岩波文庫、1985年、68ページ～80ページ。
13）全国社会福祉協議会九十年通史編纂委員会編『慈善から福祉へ全国社会福祉協議会九十年通史』全国社会福祉協議会、2004年、432ページ～437ページ。
14）田代国次郎、矢上克己著『現代社会福祉史入門』社会福祉研究センター、2000年、76ページ～77ページ。

15）前掲14）76ページ、抜粋。
16）前掲1）9ページ～10ページ。
17）前掲4）460ページ～463ページ。
18）前掲13）30ページ。
19）前掲13）30ページ～31ページ。
20）前掲13）44ページ～45ページ。
21）杵渕義房著「社会事業家に関する統計的観察」『社会事業』（第7巻第5号）、1923年8月15日、48ページ～54ページ。
22）前掲21）49ページと51ページ、抜粋。
23）前掲13）45ページ。
24）前掲21）61ページを基に作成した。
25）前掲21）61ページ。
26）前掲21）62ページを基に作成した。
27）前掲21）62ページ。
28）前掲21）64ページを基に作成した。
29）前掲21）64ページ～65ページ。
30）前掲21）66ページ～67ページを基に作成した。
31）前掲21）66ページ～67ページ。
32）前掲21）68ページを基に作成した。
33）前掲21）72ページを基に作成した。
34）前掲21）74ページ～75ページを基に作成した。
35）前掲21）74ページ～77ページ。
36）前掲21）79ページ～80ページ。
37）前掲21）82ページ～83ページ。
38）前掲13）45ページ～46ページ。
39）前掲13）129ページ。
40）前掲13）129ページ～131ページ。

本稿は、田代国次郎編、『草の根福祉』（36号）、社会福祉研究センター、2004年、285ページ～296ページに掲載された。

埼玉育児院創設期の記録

序章　研究の視点

　2003（平成15）年5月1日現在、埼玉県内の児童養護施設は、18施設（公立3、私立15）[1]である。その1つ、川越市笠幡に所在する埼玉育児院（大谷リツ子理事長、河東田もと子施設長、入所児童56人）は、県下最古の伝統を誇る施設である。近年同院は、施設内虐待が発覚し、その問題で施設は大きく揺れている。入所児童に対して、施設長や複数の職員による心理的・身体的虐待があったとして、県は2004（平成16）年7月6日、同院に対して、県内初の施設長解任と職員への「適切な対応」を求める運営改善勧告を言い渡した。第三者機関（県運営適正化委員会＝青木孝志委員長、委員5人）への申し立てから40数日で虐待が認知され、県の独自調査で判明した虐待事実を示した知事名の勧告が出た。7月19日の理事会で河東田施設長は、退職願を提出し、8月1日付で新施設長に現理事の1人が就任した[2]。その後、埼玉育児院運営改善委員会（委員長・浅井春夫＝立教大学教授、委員6人）は、2005（平成17）年2月20日、「適正な運営管理・チェック機能を果たせなかった」として、大谷リツ子理事長を含む5人の理事の引責辞任を求める建議を同院運営の社会福祉法人へ提出する方針を固め、同理事会はこれを受託する。これによって同院は、2005（平成17）年4月1日から新体制で施設の再生に踏み出すこととなった[3]。

　ところで、本稿で取り上げる内容は、埼玉育児院の創設期に遡る。大正期から昭和期にわたる施設とそれに関わる先駆者の歴史を検討しようとするものである。県下最初の育児院は、比企郡菅谷村（現：嵐山町）大蔵、大乗山安養寺（天台宗）住職の小島乗真によって、1912（大正元）年10月に開設された。小島は、独力で自分の寺内に育児院を設け、積徳育児院と名付けた[4]。これが埼玉育児院の前身である。開院当時から周囲の反対を受け、その経営は困難を極めていた。後に、素封家等の援助を受けつつ発展し、社団法人として設立される。施設は1917（大正6）年12月には、松山町（現：東松山市）の箭弓稲荷神社畔へ移転した。その後、1928（昭和3）年には、霞ヶ関村笠幡の長屋門へ移転し、間もなく現在地の川越笠幡（現：川越市笠幡）

に施設をたてた。

　一方、小島は私財を投じて一家をあげて、苦心して経営に当たったが、寺を追われ育児院からも外されて淋しい生涯を閉じた。小島の献身も、ほとんど伝えられていない。遺骨も長らく埋葬されなかった悲劇の人である。そこで、本研究の視点は、社会福祉施設の労働に関する基礎的研究の一環として、創設期大正から昭和期にかかる施設と先駆者の歴史的経過を追ってみたいと思う。創設者小島を中心にその足跡を明らかにしたいと考える。そこから、歴史的研究上の課題を考察しようと思う。

第1章　埼玉育児院に関する先行研究レビュー

写真－1
育児院創設当時の写真[5]
子どもたちの後に座す小島（子どもを抱く婦人の右隣）

　1972（昭和47）年9月6日付の毎日新聞に、嵐山町で50年前の育児院の創立記念写真が発見されたという記事と写真が掲載された。これによると、半世紀前の大正初期に、比企・嵐山町の安養寺にみなし子を集め開設された「私立埼玉育児院」の創立記念写真が、同町鎌形、県郷土文化理事、長島喜平氏の手で発見された。大正初期に農村地帯の私立育児院は県下でも珍しいケースで、郷土史研究の重要な資料と話題になった。この育児院の実態と小島住職の詳細は不明で、長島氏は「写真が見つかって、育児院の存在がはっきりした。さらに研究を進めるが、小島氏を育児事業の先覚者として顕彰したい」といっている[6]。発見された写真は、育児院創立期の記念写真と思われるもので、それ以降、同院を紹介するほとんどの文献ではこの写真が引用されている。つまり、創設期を忍ばせる育児院の写真は、こ

れ以外は確認されていないことと考えられる。

埼玉育児院の創設期に関する先行研究として、比較的多くの項を費やしているのは、韮崎一三郎・金子吉衛著『埼玉の先人渋沢栄一』(さきたま出版会) 1983 (昭和58) 年である。ここには、郷土の社会事業として、埼玉育児院と小島乗真の歴史的経過が述べられている。また、近年では、関根茂章著『師父列傳わが内なる師父たち』(邑心文庫) 1997 (平成9) 年によって、県下初の育児院創設者小島乗真の内容が記載されている。古いものでは、1918 (大正7) 年6月の中央慈善協会『社会と救済』に埼玉育児院第1回社員総会の内容が載っていた。また、第25回全国日本仏教徒会議埼玉大会実行委員会発行による『埼玉仏教百年史』(文平社) 1974 (昭和49) 年において、小島に関する若干の内容が記されていた。その他、嵐山町、東松山市などによる町誌、市史などにおいて、同院と小島に関する内容が記載されているが、いずれも短文であり、詳細にわたる研究論文は、見あたらなかった。よって今回は、分散論述されている内容を基に、できる限り詳細に整理分析したいと思う。

第2章　埼玉育児院発祥之地
第1項　大乗山寂光院安養寺

嵐山町は、埼玉県のほぼ中央に位置し、比企丘陵の中核部を占める自然に恵まれた町である。昭和の初めに、この地を訪れた本多静六博士が、槻川の渓谷を見て、京都の嵐山に似ていると感動したことから、武蔵嵐山はその後、町制施行時に嵐山町と名付けられた[7]。

嵐山町域は、横断するように鎌倉街道が通っていた。この街道によって新しい文化や物資が地方と都市を往来していた。特に、大蔵・菅谷地区は鎌倉街道と都幾川が交

2005 (平成17) 年2月11日　筆者撮影
写真－2　大乗山寂光院安養寺

差する地点で、陸上と水上の動脈が交わる十字路に当たる要衝の地である。これらを背景にかつて町内には多くの寺社がつくられてきた。現在、嵐山町において、中世を起源とする寺社は30あまり確認されている[8]。嵐山町大字大蔵にある安養寺も、その一つである。旧山王社（大蔵神社）別当寺で、開山の廣覚が、1394（応永元）年に寺を開いたと伝えられる[9]。境内東西19間、東北20間、面積285坪であるこの寺は、村の南方にあり、天台宗の下青鳥村（東松山市）浄光寺の末寺で、大乗山寂光院と称する[10]。徳川幕府から十石の寺領をいただいた旨の朱印状が現存しており、第46世の住職（鶴岡信良師）であることからみても、格式と歴史を有する寺である[11]ことがわかる。御本尊は阿弥陀仏で、本堂の中央に安置してある。

　この寺は、鉢形八幡宮の別当であった大行院と関係があった。大行院は、天台宗と関係のある修験（山伏）で、ここには斎藤氏という山伏がいた。山伏は、山中で修行するため、女性は近づけない。山伏が死亡すると、その山伏の寺で葬式をするが、女性の場合は葬式ができない。結婚して夫婦になって妻が死亡しても同じ寺で葬ることができない。そうしたことから、鎌形大行院の女性は、安養寺に葬ったといわれる。安養寺には、1770年頃に斎藤李兵衛から5代目にあたる伊左衛門によって、施主としてこの寺に納めたといわれる見事な「華鬘」がある。華鬘とは、寺の本堂の柱、長押などに掛けて、堂内を美しく飾る荘厳具のことで、昔インドでは、花を糸でつなぎ、自分の体を飾ったことから、それが仏具になったといわれる。安養寺の華鬘は、嵐山町の文化財としても保存しておきたい[12]貴重なものであるという。

　また、安養寺の山門は、嵐山町指定建造物で、嵐山町教育委員会による説明では、「当山門は、棟札から江戸時代後期天保10（1839）年の造営と知られる。天台の宗門にふさわしく、重厚で気品あふれる風格をそなえ、貴族的趣味を彷彿とさせる、一部籠彫りの唐獅子・龍・花鳥が配される。棟梁は、棟礼に「河原明戸村飯田和泉藤原金軌」とある。現在の熊谷市（旧麻生村）の人で、当代武蔵の名工と名高い。なお、東松山市八雲神社社殿、川越市氷川神社の彫刻など、天保期の造営となる建造物の棟札にも飯田姓を多く見ることができる。これら一連の工匠と彫工は、同族飯田一族と推察されるが、その卓越した技法は群を抜いている。」とされる。

第2項　埼玉育児院発祥之地記念碑

安養寺山門を入って正面の境内に「埼玉育児院発祥之地」の記念碑が建立されている。これは、嵐山町大行院の大沢霊明氏が、1985（昭和60）年5月に、建立を志したものである。記念碑建立の協力者である関根茂章（嵐山町町長）は、その著『師父列傳』で次のように述べている。「建碑供養は、霊明氏の長年にわたる願いであった。私は求めに応じ、その碑文と揮毫に当たり、ともに小島乗真師の先駆的偉業を讃え、心から菩提を弔った。またこの碑の揮毫は、20年にわたる嵐山町長としての最後の仕事として忘れがたい。世に受け入れられない先駆者の止みがたき誓願と不遇の生涯に涙を禁じ得なかった。」[13)]

2005（平成17）年2月5日　筆者撮影
写真－3　埼玉育児院発祥之地記念碑

この記念碑に刻まれた内容を下記に記す。これによって、安養寺が埼玉育児院の発祥の地であり、創設者小島乗真の足跡を概観することができよう。

埼玉育児院発祥之地

　大乗山安養寺住職小島乗真師（1878－1931）は明治天皇の崩御に際し　その聖徳を偲びかねてからの貧孤児救済の素志を実現するため　大正元（1912）年　独自で寺内に積徳育児院を創立した　埼玉県における育児院の嚆矢である　翌2年11月　院児12名（内乳児6名）乳母2名使丁1名であった　然しながら院は全くの孤立無援であり　経営は困難を極めた　また麻疹の流行により　院児6名を失なう惨事にも遭遇した　4年1月　社会への貢献が認められ　比企郡教育会により表彰され漸くにして愁眉を開くことが出来た　そして同年4月埼玉育児院と名称が改められた　5年11月

素封家入間学友会頭発智庄平氏の来院を契機に渋沢栄一氏子爵始め県内有力者の理解と協力を得るにいたった　そして社団法人の設立が進められ　その認可は7年2月であった　この間　乗真師は自らの山林（8反3畝14歩）畑（6畝4歩）を処分して創立以来の院の負債を清算し　6年12月　東松山市に移転した　社団法人埼玉育児院は渋沢子爵岡田知事を名誉顧問に県下9郡長や名望家を加えた堂々たる陣営であった　院長は発智庄平氏小島乗真師は理事教養主任（院父）であった　院はその後　川越市笠幡の発智氏の長屋に　更に現在地に移り　埼玉最古の育児院として70余年の歴史と伝統を継承している　ちなみに乗真師は大正10年頃　院を退き昭和6（1931）年　東京に於て54歳で逝去された　まさに先駆者としての受難の生涯であった

　感懐一首　小島　乗真
小夜更けて　しばし捨て児の　泣きやむは
母が添い乳の　夢や見るらむ

　　この地に　この人を得て　崇高なる　先駆的事業が創められたことに無限の感慨と　深い意義を覚えるのである

昭和59（1984）甲子年5月24日
発願主　行光院日世　大澤霊明
題字撰丈　嵐山町長　関根茂章
撰文書　千手院住職　浅見覚堂
富山四十五世　鶴岡福田
寺世話人　金井倉次郎
寺世話人　野口由次郎
寺世話人　大澤忠二朗
寺世話人　根岸公雄
寺世話人　岡野千三
東松山市石匠鷲巣弘

第3章　積徳育児院の経緯
第1項　小島乗真の決意

　小島は、1878（明治11）年12月1日、菅谷村大字大蔵の安養寺に生まれた。天台宗中学を終え、1896（明治29）年、18歳の時に大河村（現：小川町）の長福寺の住職となった。そのかたわら、布教講習などをうけ、1900（明治33）年〜1910（明治43）年まで、教区教師、あるいは本山教師として活躍し、1908（明治41）年（31歳の時）に自分の生まれた安養寺の住職となった。そして、1912（大正元）年（35歳の時）に独力で積徳育児院を創設することとなった。当時、この種の施設は全国的にみても少ない状況で、当院は、埼玉県下最初であるとともに全国的にも古いことでは51番目に位していた[14]。

　安養寺住職の小島が育児院を開設するきっかけは何であったのだろうか。『埼玉の先人渋沢栄一』の著者である金子吉衛[15]は、2つの動機をあげている。1つは小島の手記にみるものであり、2つ目は同郷の先輩岩崎信雄に誘発されことをあげている。

小島の手記『埼玉育児院経過に関する赤裸々の告白』には次のように記される。

「大正元年十月、積徳育児院ノ名ヲ以テ、明治天皇聖徳記念事業トシテ明治聖代無前ノ偉業ヲ万代ニ伝フルベク、特ニ明治天皇仁慈ノ聖徳ト観音大悲ノ実現ヲ期シ」

「（上略）偶々徒中ニ可憐ノ孤児アリ、然モ無精ナル社会ハ反シテ彼ニ種々の圧迫ヲ加フルヲ見テ坐視スルニ忍ビズ意ヲ決シテ観音大悲ノ実現ヲ期シ孤貧児ノ友タラントシ、多少ノ準備ト決死ノ覚悟ヲ以テ先ズ妻ニ対シテ其ノ同意ヲ求メ、将来若シ其ノ苦シミニ堪エズ到底事ヲ共ニスル能ハズト思料セバ何時ニテモ離縁スベキ事ヲ予告シ、更ニ四方ニ同志ヲ求メタレドモ一人ノ之ニ応ズルモノナク反ッテ冷笑ト嘲笑ノ中ニ葬ラレ憤慨措ク能ハズ、自己ノ万事ヲ抛ツノ覚悟ヲ以テ、大正元年十月、明治天皇聖徳記念事業トシテ観音薩タ無涯ノ大慈悲ヲ体現スベク周囲ノ冷笑ト嘲罵トノ中ニ決然孤貧児救済ノ業

ヲ創メタリ（下略）」[16]

　小島は、悲惨な無告の民、孤児貧児の難渋を黙ってみていることができず、天皇の聖徳と観音大悲の実現を期するために、育児院の創設を決意したのであった。
　一方の動機は、岩崎信雄との関係にみられる。岩崎は、小島より2歳年上で、同様に天台宗中学卒業の後、1902（明治35）年から東京福田会育児院の司事をしており、両者は以前から交友があり、小島は育児事業に誘発され、育児院の創設を思い立った[17]のではないかとしている。埼玉育児院の社団法人化に伴い、小島は、岩崎を理事・副院長として迎えている。また、岩崎は、比企郡野本村大字下野本青鳥にある天台宗浄光寺住職でもあった。安養寺は浄光寺の末寺でもある。

第2項　創設期の積徳育児院

　1912（大正元）年、小島の決意のもとに積徳育児院は、開設されたが、早々にして周囲からの反対は絶えなかった。檀徒惣代は、寺産を使いはたすと反対を唱え、中には住職を引退して他に移れという強硬なものもあり、家族からも事業の中止を迫られた[18]。
　創設当初、同院の子どもは、両親のいない子、生活が極めて貧しく子ども養育が困難な家庭の子などであった。経費の都合などで充分な院務院を雇い入れることができず、院主自ら哺乳し、食事させ、抱いたり、背負うなどして専心的に愛護したといわれる[19]。
　1913（大正2）年11月当時の育児院における院児は、12名（うち6名は乳児）で、これに乳母2名、使丁1名であって、同院経営は極度の苦境に陥り、一時小島自身も神経衰弱に陥るに至った。同年12月、比企郡大河村の大木隆次郎氏が同院を視察し、困難の実情みて、前大河村長野口宣鋭氏と同村円城寺住職西沢太道師らと相談し、近隣有志を勧誘して援助した。これが同院最初の同情者であるといわれる[20]。
　1914（大正3）年1月、同地方に麻疹が流行し、院児9名が羅病した。看病の甲斐無く6名の死亡児を出すに至った。これによって、育児院に対する非

難はより激しいものとなり、小島氏への圧力はさらに加わった。同年、比企郡長奥田栄之助の同情や天台宗第12教区から援助を得ることができた[21]。

　同院は、家族制度を取り入れ、小島夫妻を父、母、院教務院を叔父、叔母と呼ばせるなど、つとめて情味のある養育方法をとった。また、乳児は里預けをしたり、学齢以前の児童は、院内で保育し、学齢に達した児童は、菅谷尋常小学校へ通学させた。さらに、委託制度を取り入れ、地方慈善家の温かい家庭に託して児童の発達と業務の習得をさせるなど配慮した[22]。

　1915（大正4）年1月には、ようやく比企郡教育会から社会公益上功労多大との表彰を受けるに至った。同年4月、積徳育児院の名称を埼玉育児院と改めた。

第4章　社団法人埼玉育児院の沿革
第1項　社団法人化への進展

　1916（大正5）年11月25日、素封家発智庄平が、育児院を訪れて事業の援助を約した。当時、発智は、霞ヶ関村長、黒須銀行頭取、入間学友会会長等のほか、幾多の公職にあたっていた。また、発智は渋沢栄一とも関係があり、小島を渋沢に紹介し、同年12月4日、小島は渋沢と面接し激励を受けた[23]。これを契機に、社団法人の設立が進められることとなった。

　小島の手記は、次のように記される。

（上略）大正五年十一月二五日、コノ日ハ実ニ我ガ埼玉育児院ノ永遠に忘ルル能ハザル記念日ナリ。コノ日、入間学友会頭、発智庄平ノ来院アリ深ク従来ノ経過ニ同情セラレ、全力ヲ奮シテ翼賛スベキヲ誓ワレ、真ニ渋沢男爵ニ紹介セラル、全年12月4日男爵ニシテ委細陳述スル所アリ、快ク将来極力援助ノ声明ヲ受ケ感激殆ンド云フ所ヲ知ラズ
同月21・2両日、発智氏親ヲ本郡内有力者ヲ訪問シ懇談スル所アリ、大正六年1月6日、社団法人設立発起人ヲ院内ニ開催シ、余ハ父ヨリ伝ヘセレル山林八反十四歩、畑六畝四歩ヲ売却シ、創立以来法人組織以前ノ負債全部ヲ償却シ、更ニ日用品器其皆ヲ法人ニ寄附シ真ニ赤裸々ノ身トナリ、弥々具体的組織ノ機運ニ際合シ、転夕今昔ノ感ニ堪エズ（下略）[24]

1917（大正6）年1月6日に発起人会が開催された。渋沢は、京浜地区の本県出身の有力者150名に基本金1万円の寄付依頼の趣旨を配布した。1917（大正6）年3月12日、内務省へ社団法人設立許可申請書を提出した。その発起人は、発智庄平を筆頭に横川宗作、森田熊吉、金井耕作、岩崎信雄、小島乗真の6名であった[25]。法人設立者身元調を表-1に示す。

表-1 [26]

法人設立者身元調

（直接国税納額）	（住所）	（身分職業）	（氏名）	（生年月日）
金七百六拾壱円三拾参銭	入間郡霞ヶ関村大字笠幡二百番地	平農民	発智庄平	元治元年十月五日
金七百四拾六円八拾九銭	比企郡大河原村大字腰越三百廿七番地	平農民	横川宗作	元治元年二月廿八日
金六百七拾壱円七拾四銭	同郡大岡村大字大谷二千九百八十番地	平農民	森田熊吉	明治八年七月廿二日
金百弐拾八円五十七銭	同郡菅谷村大字大蔵五百八十二番地	平農民	金井耕作	明治十二年九月十日
ナシ	同郡野本村大字下青鳥	浄光寺住職	岩崎信雄	明治九年八月十八日
金壱円参拾銭	同郡菅谷村大字大蔵	安養寺住職	小島乗真	明治十一年十二月一日

　埼玉育児院の社団法人許可に際して知事の特命で県属島田俊夫を実態調査にあてた。島田は、1917（大正6）年9月10日、知事宛に詳細な復命書を提出した。これによると、経営は杜撰なところがあるが、小島に悪意があってのものとは認められず、孤児収容事業そのものは成績良好なものがある。渋沢男爵と発智氏の尽力を予定すれば、将来充分な指導監督を条件として、社団法人の許可をしても支障はないとの内容であった。この実態調査を基に、岡田知事は、1917（大正6）年12月26日付で内務大臣宛に副申を付けて願書を提出した。その結果、1918（大正7）年2月23日付、内務大臣後藤新平名で許可があった[27]。許可の指令がおりるとともに役職員を決定した。1918（大正7）年の社団法人埼玉育児院役職員を表-2に示す。

表-2 28)

社団法人埼玉育児院役職員 （大正7年）

名誉顧問	東京府北豊島郡滝野村 男爵 渋澤栄一 埼玉県北足立郡浦和町 正五位勲四等 岡田忠彦
顧問	県下の各郡長
理事院長	発智庄平
理事副院長	岩崎信雄
理事会計主任	金井塚照郷
理事庶務主任	馬場源太郎
理事教務主任（院父）	小島乗真
理事	小林太一郎・根岸伴七・森田熊吉・加藤忠夫・横川宗作・笠原芳孝・横川禎三
保育主任（院母）	小島たつ子（妻）
保育助手	小島藤枝（長女）
書記	石川賢智
監事	小高秀一郎・永井大禅
常議員	吉田由太郎・馬場源太郎・金井塚照郷・吉野多三郎・杉田百之助・幡佐弁・八角憲広・市原文田・石川菊次郎・内山道賢・鯨井忠久・関根茂十郎・松崎和重郎・丸山本随・山岸章佑・大木隆次郎・真伯了泰
支部	入間郡川越脇町 主任 小池徳重 大里郡熊谷聖天町 主任 秋葉徳次郎 北足立郡大宮町川越新道 主任 山本杢之助

名誉顧問には、渋沢栄一と岡田知事を、顧問には、県下の各郡長をあてた。理事院長は、発智庄平が、理事副院長には岩崎信雄が組織された。小島は、理事教養主任（院父）、妻たつ子は、保育主任（院母）で、長女の藤枝は、保育助手となった。埼玉育児院は、1917（大正6）年12月、菅谷村から松山町（現：東松山市箭弓稲荷神社畔）へ移転した。

第2項 松山町の埼玉育児院

1918（大正7）年5月14日に第1回社員総会が松山町城恩寺で開催された。その内容は、1918（大正7）年6月の『社会と救済』（中央慈善協会）に掲載されている。その内容を以下に記す。

埼玉育児院第一回社員総会

　埼玉県比企郡松山町埼玉育児院は、大正元年創立以来種々なる障害の為め、経営頗る困難を極め、一時其の存続すら危惧せらたりしも、当事者の誠心誠意の努力は、遂に地方人士を動かし、昨年末県内名望家発智庄平の主唱により、渋沢男爵の後援の下に、地方有力者設立発起人として社団法人組織

の手続中なりしが、去る二月二十三日は内務大臣より許可の指令あり、五月十四日午後一時より同町城恩寺に於て名誉顧問渋沢男爵、知事代理成毛内務部長、豊田地方課長臨席の下に第一回社員総会を開催せり。

　当日定刻先づ院児の君が代合唱あり、次で発智院長の勅語奉読、岩崎副院長の式辞朗読あり、後来賓の祝辞、院児の挨拶、発智院長の答弁、馬場庶務主任の事業報告、金井塚会計主任の会計報告、同院の維持拡張に関する議事あり閉会せり。

　尚ほ当日渋沢男爵は午前十時来着、武田比企郡部長、小林県会議員、石川松山町長。小島埼玉育児院父其他重立者出迎の人々と共に吉見百穴岩窟ホテル箭弓神社等を歴訪し、十一時同院着、昼食後会場城恩寺に於て「救済事業の意義」と題する約一事間余に亘る有益なる講演の後、松山町有志の主催に係る歓迎会に臨席、席上熱誠なる歓迎を謝すると同時に懇々同院事業翼賛の事を依頼せられ、会衆歓呼の中に帰京せられたり。（埼玉育児院所報）　29)

　この内容をみると、小島は、第1回社員総会において、重要な役割を分担していない。この時からすでに小島は、法人組織から疎外されつつあることがうかがえる。

　松山町には、埼玉県唯一の孤児を対象とした育児院が、1918（大正7）年～1928年（昭和3）年の間、存在した。これが社団法人埼玉育児院である。1921（大正10）年頃の松山町地図を図-1に示す。

図-1　松山町地図1921（大正10）年頃 30)

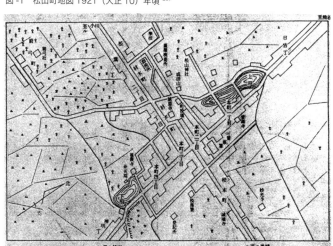

同院があった箭弓稲荷神社は、図の左上である。さらに、当時の事業内容を概観しておこうと思う。

内田常光識著『発展の武州松山』1925（大正14）年12月には、次のように記される。

「松山町箭弓神社湖にあり、本院は大正元年十月明治天皇聖徳記念事業として生まれた県下唯一の育児機関たり、然して院児教養の主義及方法は純然たる家族制度を採り院内、外の二種に分ちて教養し、乳児は親切なる里親に託して養育し、満四歳以上は院内に於て保育し、学齢児は町立小学校に通学せしめ義務教育修了後は現今児童保護事業界に於て理想的教養法と認めつつある依託制度により地方慈善家の温かき家庭に託して完全なる発達と業務の修得とを為さしめ且つ児童将来の独立自営に有利られしめんが為め常に実社会と接触せしめ所謂孤児院式取扱を避け、出入其意に任せ自由の天地に生活せしむ。現在院児は、男十五人、女十人にて内七人職業見習として他にあり。

大正十年以来事業御奨励の思召を以て毎年御内　金参百圓の補助金下附あり院長は発智庄平氏、主事黒沢要三、関根勇両氏及び外務員三名にて院務を掌る、基本財産としては、動産、不動産にて現在貳萬圓あり。」[31]

埼玉育児院の運営は、ほとんどが篤志家からの会費と寄附で賄われていたため、不安定であることを免れなかった。それは、1919（大正8）年度の埼玉育児院の予算報告書からもって確認することができる。

社団法人埼玉育児院予算報告書　一九一九（大正八年）四月
社団法人埼玉育児院・大正八年度歳入歳出予算、別紙ノ通リ決議致候間此段報告仕候也
大正八年四月十二日

　　　　　　　　　　　　　　　比企郡松山町五六五一番地
　　　　　　　　　　　　　　　社団法人埼玉育児院長
　　　　　　　　　　　　　　　発智庄平（印）

表−3 社団法人埼玉育児院予算報告書[32]

これによると、予算合計8,211円のうち7,162円が会費・寄附で、県・郡からの補助は、わずか290円であった。支出では、院の運営のための事務書費が2,979円で最も多く、次いで児童の給養費（院内児20人、依託児10人）2,305円である。拡張費は、1,540円ある。これは、新たに毎年会費を納める会員

になってもらう場合、初年度の会費の50％を、また寄附の場合は、28％を募集費として経常していることによる。つまり、育児院運営にとって、会費や寄附集めは、大きな困難であったことを示している。大正10年以降、国や県の補助はある程度増加したが、戦後恐慌、関東大震災と続く経済不況のなかで、会費や寄附金は、激減し埼玉育児院の経営は益々厳しい状況に追い込まれていった[33]。

1927（昭和2）年8月6日付の東京日日新聞に埼玉育児院の経営難と松山町の態度を報じた記事が掲載された。当時の社会事業施設に対する地元地域の意識をここにみることができる。

埼玉育児院経営難
見向きもせぬ冷淡な松山町
　危機の埼玉育児院渋沢子等の手で再生の道へ
松山町の埼玉育児院が経済界不況の巻添ひを食って経営難に陥り、解散せんとするのドタン場まで行き各地方面から非常な同情が集まってゐるのに反して、地元松山町が何等これに対して経済策を講ぜぬのみか同情の言葉一つかけず
　某町会議員の如きは箭弓神社参道付近に育児院などがあるのは町の体面上からも面白くないなどゝ暴言をはいており、同院の敷地一部が箭弓神社の関係上土地の明渡しを要求せしむる等の迫害をなし、町当局の如きも頻る冷笑の態度を取りをり
　本県唯一の孤児貧児救済事業団体たる同院が松山町から移転の止むなきに至らしむるは、地元松山町の恥辱であるとて憤慨するものと町当局を非難する声頗る高い一方、同院は渋沢子爵野手知事等の同情ある斡旋で財団法人の端緒につくらしい
〔東京日日新聞、1927（昭和2）年8月6日〕[34]

松山町の社団法人埼玉育児院の経営もまた、苦しかった。そこで、小島の関係から松山町付近の埼玉仏教青年会の有志が1日托鉢を行って援助したこともあった。また、育児院の事務に携わることとなった関根勇は、友人利根川寿郎などの松山町青年団員とともに、育児院のために慈善映画会の催しを

行った。1925（大正14）年には、青年団と軍人分会は、共催で映画と同時に義太夫、清元等の演芸会を松林座で開催し資金援助することもあった[35]。前にあげた内田常光識著『発展の武州松山』において、松山町青年団については、次のように記される。

松山町青年団
　大字松山及市野川青年を以て組織し之れを七支部に分ち各支部長を置く、団長掘政次氏以下役員三十名、団員百名あり。忠孝の本義を体し智徳の涵養と身体の鍛錬に努め、健全なる国民、善良なる公民の素養を得せしむるを以て目的とす、同団にては大正十三年四月郡内青年団に率先して団服を制定し、団員全部之れを新調したり、尚登山部、野球部の設けあるの外大正十二年同町箭弓神社内に比企郡青年団大運動場新設に際しては工費の半額を負担し又埼玉育児院慈善演芸会を軍人分会と共力或は単独にて開催し之れが純賓金全部を寄附し、大正十三年九月一日大震災二周年記念に際しては記念野外活動写真会を開催して当時をしのばせる等各種の事業他に範たるものあり[36]。

　このように、地元松山町の一部からの後援はあったが、町全体としてみれば、冷ややかなものであった。そして、箭弓稲荷神社参道に育児院があるのは、町の体面にかかわり、町の発展上思わしくないという論が町会議会の一部から起こり、敷地の一部が神社のものであった関係から土地の明け渡しの動きが表面化してきた。このようなことが、きっかけとなり、同院は1928（昭和3）年に院長の発智家（霞ヶ関村笠幡：現川越市）の長屋門へ移転し、間もなく現在地に施設をたてた[37]。

第3項　小島乗真の去就

　ここで、小島の去就を確認しておこう。育児院が菅谷村から松山町へ移転し、社団法人として組織が整った一方で、小島は発智と組織から外されるようになった。1921（大正10）年頃、小島は自ら身を引き、松山町から浦和市の県庁に勤め、部落改善事業に携わった。しかし、この仕事も長続きせず、その後、大塚の養育院（都立養育院）に勤め、1923（大正12）年9月以降、

小島は東京で単身暮らしをしていたらしい。1925（大正14）年頃、妻たつ子も育児院を辞めて次女三千枝とともに小島と一緒に生活した。以後、小島は定職もなく、妻娘の厄介になるという日々を送り、1929（昭和6）年3月14日、東京で不遇のうちに生涯を閉じた。54才であった。それから1935（昭和10）年頃、小島を知る松山町付近の天台宗の僧侶たちは、彼のために松山町の福聚寺で法要を営み、その遺骨を同寺境内にある埼玉育児院の子どもたちの墓地に埋葬し墓提を弔った[38]という。利根川俊吾編著『ふるさとの想い出写真集東松山』には、次のように述べられる。

2005（平成17）年2月5日　筆者撮影
写真－3　埼玉育児院発祥之地記念碑

「気の毒なのは小島乗真であった。新築した松山に当然院主として迎えられるべき筈なのになぜか容られず、発智の世話で鶴ヶ島の寺の留守番となって間もなく死んだ。祖先の墓地（安養寺）にも葬られず、遺骨は長らく放置され、これを哀れんだ仏教会の有志によって松山町福聚寺に葬られた。いつの世にも変わらぬ先駆者の受難であろうか。」[39]

第5章　川越笠幡の埼玉育児院

1932（昭和7）年に発智庄平は、理事長兼院長を辞任し、後任に河東田教美が就任し、施設はキリスト教義に基づいて運営されることとなった。笠幡に移ってからの育児院の経営もまた、依然困難な状態であった。施設は容易に地域の人々に受け入れてはもらえず、評判も良好とはいえなかった。食料や生活必需品は現金でなくては売ってもらえず、14、5人の子どもたちの衣食や教育費を工面すめため東奔西走した。1934（昭和9）年頃は、不況下で寄付金集めは不可能となり、自分の家作を手ばなし、施設の経営に当てた。1936（昭和11）

年には、宮内省から300円の御下賜金を受けることができた。戦時中も子どもを護り戦後を迎えた。1946（昭和21）年、生活保護施設として、1948（昭和23）年には、児童福祉法の制定に伴い、社会福祉法人施設として認可を受けた。戦災孤児たちがトラックで施設へ送り込まれてきたという。1949(昭和24)年、河東田教美が死去し、妻のヨシ（当時52才）が引き続き理事長兼院長として就任した。1952（昭和27）年には全国優秀施設として宮内庁から表彰を受け、1961（昭和36）年においても再び宮内庁から表彰され、特別御下賜金を受けた。ヨシの功績は各方面から高く評価されるようになり、1949年（昭和24）年には、埼玉保育連合会会長賞受賞を初め、1963（昭和38）年は、藍綬褒章を、1967（昭和42）年には勲六等宝冠章などを受賞した。1973（昭和48）年、片腕となって活動してきたもと子を正式に養子縁組とした。ヨシは、1976（昭和51）年10月28日、79歳でこの世を去った。墓地は仙台市の龍雲院にある。キリスト教徒としての奉仕の精神を貫き、500人を越える子どもたちの「ママさん」として、育児院を支えてきた。施設の経営は、河東田もと子に引き継がることとなった[40]。

なお、近年の埼玉育児院にかかわる動向の一部は、序章研究の視点でとりあげた。

第6章　埼玉育児院先駆者の生い立ち

埼玉育児院の創設者小島乗真ついては、序章から追跡し、第4章の第3項において、小島の去就を記載した。川越笠幡の埼玉育児院

2005（平成17）年2月11日　筆者撮影
写真－5　川越市の埼玉育児院

の運営は、発智庄平から河東田教美へ移行し、キリスト教に基づいて運営されることとなった。どのような理由で河東田へ引き継がれるようになったのだろうか。その経緯は明らかにされていないと思われる。そこで、第6章では、発智と河東田の生い立ちをまとめ、両者のかかわりを整理したいと思う。

発智庄平（1864～1936）は、入間郡黒須村（現入間市）に、繁田家12代の繁田武平（満義）の長男として生まれた。幼名は亀太郎、後に霞ヶ関の発智庄兵衛の養子として迎えられる。発智家は、鎌倉時代に北条貞時に仕え戦功あり、信濃国佐久郡発智郷を領有し発智と称して、正応年間に関東へ下り、現川越市笠幡に居住し、代々名主を勤め、地域の教育と殖産に貢献した。発智庄平は、1877（明治10）年に群馬県前橋小学校全科卒業。1883（明治16）年、東京成器学校和漢科及算術科を卒業し、東京共立学校で英語を修行した。1886（明治19）年に高等師範学校（埼玉県師範学校）卒業し、その後、高麗郡郡鳳鳴学校、黒須高等小学校に奉職し教育生活を送った。その間、入間高麗郡第7連合小学校講習会頭、入間郡実業同志会幹事、入間学友会会頭、霞ヶ関村教育会会頭などを歴任し教育界に尽力した。1914（大正3）年から1926（大正15）年までの間、霞ヶ関村長を歴任した[41]。

　1900（明治33）年2月、入間郡豊岡町大字黒須に資本金20万円にて黒須銀行が設立された。頭取は発智庄平、常務取締役は繁田武平（庄平の弟）であった。そして、渋沢栄一をはじめ大谷嘉兵衛、長井利右衛門、繁田満義（庄平の実父：黒須銀行創設者）などが顧問となった[42]。業績は、順調に進展し、1901（明治34）年に所沢、1911（明治44）年に川越、1918（大正7）年に小川町と松山町に支店を設け拡大した。1920（大正9）年には、株式その他の大暴落によって破綻を生じ、1922（大正11）年には武州銀行との合併を余儀なくされた。同行は、株主が日本弘道会の会員であること、資産が道徳の結晶からなっていること、資産を道徳的に運用すること、利益のうち若干を公共事業に投ずること、など道徳実践にのっとることから別名「道徳銀行」と呼ばれた[43]。黒須銀行の創設者繁田満義と渋沢栄一は、親交にあり、渋沢はこの名を非常に喜び、1913（大正2）年の創業15周年記念に際して、みずから筆をとって「道徳銀行」の四字の扁額を贈った[44]。渋沢は日本弘道会の特別会員でもあり、これを通じて黒須銀行との絆は強く結ばれていたのである。発智もまた日本弘道会の趣旨に賛同し、国民道徳の普及振興と社会改良に尽力した。また、入間郡内の学生及び一般青年等をもって組織し、1895（明治28）年に創設された入間学友会の2代目の会頭にもなった。名誉会員には、大隈重信、板垣退助、渋沢栄一らの名前があった。1918（大正7）

年に埼玉育児院の院長となり、1928（昭和3）年、同院のために所有地を提供した[45]。

発智庄平は、教育、行政、銀行、社会事業などにわたり、多大な功績を残した人物であり、以前から渋沢栄一と交友があったことがわかる。発智が菅谷村の積徳育児院を訪れて小島と出会うのは、1916（大正5）年11月25日のことであった。

一方、河東田教美（1883～1949）の生い立ちをまとめてみる。河東田家は、結城朝光が祖先である。結城氏は、豊臣秀吉と戦って亡び、一族分離し関東の結城、白河の結城となった。結城没落後、伊達政宗に属して仙台に移り、伊達家の士分として重く要いられたという。河東田教美は、1883（明治16）年8月1日生まれ。1905（明治38）年、戦役に従軍奉天戦に参加し、後に小学校教員となり、札幌市西創成訓導として11年間奉職した。後に、北海道の小学校長となり、1921（大正10）年に北海道属となって主として青年指導に当たった。『十勝青年』と題する青年雑誌を刊行し、北海道の田舎を講演巡行した。1923（大正12）年、朝鮮に渡り、普通学校長となり、1932（昭和7）年3月に退職[46]した。また、弘道会、東京教育評論家協会、社会事業各種団体などに関係した。河東田は、20歳の青年時代にキリスト教の洗礼を受けた。仙台のシネーダー博士に依って受洗、後に札幌に行って独立協会の竹崎八十雄牧師に依って啓発された[47]。小野龍之介編『埼玉人物誌』（埼玉評論社）1935（昭和10）年によると、河東田の最も親しい友人は、豊岡の繁田武平氏と川越の大谷前川中学校長であろうといわれる。つまり、繁田武平（発智庄平の弟）と交友があり、その関係から埼玉育児院の運営を発智庄平から勧められたのではないか考えられる。

さらに、河東田ヨシ（1897～1976）の生い立ちをみる。ヨシは、1897（明治30）年1月5日、北海道空知郡大夕張で松本光太郎、知寿の3女として生まれた。父光太郎は、夕張炭坑の職員として働き、8人の子どもを育てた。1914（大正3年）、北海道庁立札幌高等女学校を卒業したヨシは、郵便局に勤務した。その後、秋田県の医師に嫁いだが、間もなく離婚し、再び北海道に戻った。1919（大正8）年に空知郡沼東尋常小学校で教鞭をとり、そこで加東田教美と知り合った。1924（大正13）年3月、教美が朝鮮の木甫にあ

る日本人小学校の校長として赴任することとなり、ヨシも渡朝し、同年7月に再婚した。ヨシは、教美の先妻の子（教一）を育てながら木甫で教育に携わり、10年の後、親子3人で帰国した[48]。1932（昭和7）年、教美は、発智庄平の勧めで埼玉育児院の院長に就任した。ヨシと育児院との深い関わりは、この時から始まったのである。

第7章　まとめと研究上の課題

　ここでは、本研究結果をまとめるとともに、歴史的研究上の課題を整理したいと思う。埼玉県川越市笠幡にある埼玉育児院は、県下最古の伝統を誇る施設である。近年同院は、施設内虐待問題が発覚し、運営改善に向けた新たな体制で施設再生を目指すこととなった。

　元来、同院の創設者は、比企郡菅谷村（現：嵐山町）安養寺住職の小島乗真である。小島は大正期、周囲の反対をおしきり、独力で積徳育児院を開設した。しかし、その経営は困難を極め、後に発智庄平との出会いを通じて、社団法人化へと進展し、施設は菅谷村から松山町（現：東松山市）へ、さらに川越笠幡（現：川越市）へ移転した。その間、創設者小島は、発智と組織から疎外され、人知れず淋しい生涯を閉じた。小島の献身も充分に伝えられないまま時代は経過した。そこで、小島を中心にその歴史的経過の追究しようと考えた。結果、創設期の埼玉育児院の発祥地は、嵐山町安養寺であり、後に東松山市の箭弓稲荷神社畔に所在していたことが明らかとなった。施設は川越市へ移転後に、その運営は、発智庄平から河東田教美に移行した。この経緯は、両者の生い立ちを整理することによって、考察した。埼玉育児院の創設期の記録を整理分析することによって、今だ明らかにされていない課題が数多く存在することが明確となった。

　小島が発智と組織から疎外された理由は何であったのだろうか。発智の支援によって、埼玉育児院が社団法人として進展するものの、小島は、組織から外され、自ら身を引くこととなった。その理由は、不明確である。また、埼玉育児院を辞めた後の小島の進退、創設期の埼玉育児院の実態、労働者、設備等の状況、小島や施設に対して援助した人々や団体などの具体的な内容

や経過など、今だ明らかとなっていないことが極めて多い。創設期埼玉育児院に関する研究は、郷土史研究とともに、社会福祉の視点による歴史的研究の推進が必要と考える。社会福祉施設に従事する者は、その時代のさまざまな影響を多く受け、劣悪な労働のもとに社会事業を支えてきたのである。そうした実態を明らかにしていくことは、社会福祉施設の労働に関する基礎的研究の基盤につながることと考える。

【注】

1) 埼玉県健康福祉部社会福祉課編『社会福祉施設名簿』埼玉県総務部県政情報センター、2003年、131ページ。
2) 埼玉新聞社「埼玉育児院の施設内虐待」埼玉新聞、2004年7月20日付。
3) 埼玉新聞社「埼玉育児院理事長ら5人引責辞任へ」埼玉新聞、2005年2月21日付。
4) 関根茂章『師父列傳わが内なる師父たち』邑心文庫、1997年、67ページ。
5) 前掲4) 65ページ。
6) 毎日新聞社「育児院、50年前にも　嵐山で創立記念写真発見」毎日新聞、1972年9月6日付。
7) 嵐山町感光協会『緑と清流ゆかしい歴史嵐山町』。
8) 長島喜平監修『嵐山町博物誌第5巻・中世編戦い・祈り・人々の暮らし―嵐山町の中世―』嵐山町、1997年、102ページ。
9) 前掲8) 188ページ。
10) 嵐山町誌編さん委員会編『嵐山町誌』嵐山町、1985年、874～875ページ。
11) 埼玉佛教会監修『埼玉県寺院全集埼玉のお寺』千秋社、2001年、255ページ。
12) 長島喜平「安養寺の華鬘と斎藤家」『嵐山町報道』（第296号）1981年2月10日。
13) 前掲4) 70ページ。
14) 韮塚一三郎・金子吉衛著『埼玉の先人渋沢栄一』さきたま出版会、1998年、205ページ。

15）金子吉衛、1904年埼玉県蕨に生まれる。東京大学経済学部卒、東京市役所に奉職。養育院長、監査事務局長、蕨市長、社会福祉法人埼玉県共済会長、蕨郷土史研究会会長などを歴任。1990年没。主な著書『蕨の空襲と戦時下の記録』（さきたま出版会）、『わらび市政8年の歩み』『わがまち蕨の戦後十五年史』（さきたま出版会）その他。
16）前掲14）206～207ページ。
17）前掲14）206ページ。
18）前掲14）207ページ。
19）前掲10）733ページ。
20）前掲10）735ページ。
21）前掲14）207ページ。
22）前掲10）733ページ。
23）前掲14）208ページ。
24）前掲14）208～209ページ。
25）前掲14）210～211ページ。
26）前掲14）211ページを基に筆者が作成した。
27）前掲14）214～216ページ。
28）前掲14）216～217ページを基に筆者が作成した。
29）中央慈善協会『社会と救済』1918年6月、225ページ。
30）利根川俊吾編『ふるさとの想い出写真集東松山』国書刊行会、1981年、68ページ。大正10年頃の松山町の戸数は、1,650戸、人口7,920人の小さな街であった。まだ、制限選挙だったので、町会議員選挙者1,243人、県会議員選挙資格者656人、衆議院議員選挙資格者461人、貴族院多額納税議員選挙者2人であった。
31）内田常光識『発展の武州松山』1925年、24～25ページ。
32）東松山市教育委員会事務局市史編さん課編『東松山市史』（資料編第4巻近・現代編）東松山市、1984年、325～326ページ。抜粋。
33）市史編さん課編『東松山市の歴史下巻』東松山市、1986年、273～275ページ。
34）前掲32）325ページ。

35) 前掲 14) 221ページ。
36) 前掲 31) 23ページ
37) 前掲 14) 221～222ページ。
38) 前掲 14) 220～221ページ。
39) 前掲 30) 156ページ。
40) 川越の人物誌編集委員会編『川越の人物誌』(第3集)、川越市教育委員会、1994年、112～116ページ。
41) 川越の人物誌編集委員会編『川越の人物誌』(第1集)川越市教育委員会、1983年、114ページ。
42) 前掲 41) 115ページ。
43) 前掲 14) 174ページ。
44) 前掲 14) 174、181ページ。
45) 前掲 41) 116ページ。
46) 小野龍之介編『埼玉人物評論』埼玉評論社総務部、1936年、254～255ページ。
47) 小野龍之介編『埼玉人物評論』埼玉評論社、1935年、165～170ページ。
48) 前掲 40) 112～113ページ。

本稿は、田代国次郎先生古希記念論文集編集会編『野に咲く花のように－田代国次郎先生古希記念論文集－』、2005年、51ページ～67ページに掲載された。

保育園民営化の諸問題

はじめに

　全国の自治体では財政難を背景として、「公の施設」の管理運営のあり方が大きく問われている。そして、行政改革や規制緩和が進む中、公立保育園を民営化する動きが加速している。保育園民営化について、自治体側は財政難や多様な保育サービスの実現を理由とすることが多いが、保護者らの反対論も強く、撤回を求め訴え、裁判闘争に発展した例も少なくない。2006（平成18）年5月22日、横浜市の早急な保育園民営化は違法と結論づけた横浜地裁の判決は、画期的であると評価される。保育園民営化を巡って、このほかに札幌市、大阪府大東市など4自治体に民営化取り消しなどを求める訴訟が起こされている[1]という。保育園民営化について、田中大輔氏（東京都中野区長）と村山祐一氏（帝京大学教授：保育学）両者の論点は、この問題を象徴しているようである。田中氏によれば、34の中野区立保育園のうち、5園を私立に切り替え、4園を区立のまま運営を指定管理者に委ねる「公設民営」にした。今後も7園を民営化する計画だが、すべて民営化する方向がいい。民営化を進める理由の1つは、人件費の問題。100人規模の保育園を民営化したところ、年間約2億円の運営費を5千万円ほど削減できた。保育士がすべて入れ替わることに対し、保護者が心配するのはもっともである。引き継ぎ先の選考も慎重に行っている。以前より悪くなった点はない。民間の方が柔軟に対応でき、コストダウンできる事業は、民間に任せる方がいい。保育も同じように考えるべきだ[2]、という。

　一方、村山氏は、保育園は、子どもの生活を保障する場であり、信頼する保育者や見慣れた環境で、子どもは安心して暮らしながら成長、発達していく。民営化というのは、信頼と安心の場を奪う行為だ。児童福祉法では、親の選択権が認められている。これは、公立保育園を選んで入所した親子に対し、卒園まで同じ体制で保育する義務を負うと解釈できる。在園中の子どもがいるのに民営化を強行するのは、法律面からも疑問が残る。公立園の役割は高まっている。民間保育園にとっては保育水準の目安となる。財政事情による安易な民営化は行政の役割放棄だ。公立園は維持しつつ、財政的補助を

通じて私立保育園の底上げを図るべきだ。そのためにも、低水準の保育士配置や施設基準を見直し、貧弱な保育予算を増やす必要がある。施設や人員配置が充実すれば、受け持つ子どもの情報を保護者や同僚と共有し、問題を話し合う時間も生み出せる[3]、と主張する。保育園民営化に対する論議は難航し、それぞれの立場や視点によって、その見解はさまざまである。

　本稿では社会福祉施設の労働に関する基礎的研究の一環として、保育園民営化とその動向を取り上げ、現場労働者の視点から、かかる諸問題を考察しておこうと思う。

第1章　横浜市立保育園廃止処分取消請求事件・横浜地裁判決レビュー

　横浜市が2004(平成16)年4月に実施した4市立保育園の民営化をめぐり、保護者と園児ら67人が市を相手取り、民営化取り消しなどを求めた訴訟の判決が2006(平成18)年5月22日、横浜地裁であった。河村吉晃裁判長は、民営化の取り消しは認めなかったが、市議会の承認からわずか3ヵ月で民営化したのは違法と指摘し、原告28世帯に計280万円の損害賠償支払いを命じた[4]。実質的には、原告（保護者ら）側の勝利といえる判決である。この内容は、翌23日付の毎日、朝日、埼玉新聞などに掲載された。ここでは、田村和之氏[5]（龍谷大学教授）の判例解説を取り上げて、横浜市立保育園廃止処分取消請求事件・横浜地裁判決をレビューしておこう。

　横浜市（被告）は、2003（平成15）年2月に同市児童福祉審議会の意見具申を受けて、同年4月に「今後の重点保育施策（方針）」を策定・公表し、「私立保育園の民営化」を揚げた。これによれば、2004年（平成16）年度から各区1園ずつ、年4園程度を民営化することとし、本裁判で争われた4つの保育園の廃止・民営化が計画されていた。同市は、4保育園の保護者に対し、2004（平成16）年4月から民営化する方針を通知し、保育所ごとに説明会を実施した。また、2003（平成15）年7月以降、民営化された4保育園の設置・経営を引き受ける社会福祉法人の募集・選考を行い、同年11月に、その結果を発表した。同市は、同年12月5日、「横浜市立保育園条例の一部を改正する条例案」を同市議会に提出、同月18日に可決、制定により、4つの保育

園の廃止、民営化が決定した。そこで、4つの保育園の園児とその保護者が原告となり、横浜地裁に4保育園の廃止処分の取り消しを求める訴えと、損害賠償請求訴訟を提起した。なお、原告らは停止処分の執行停止を申し立てたが、認められなかった[6]というものである。田村氏は、本判決について、次の3要点を挙げる。

〈1 保育所選択の法的利益を承認〉

　本判決は、児童福祉法24条は、「保護者に対して、その監護する乳幼児が保育の実施を受けるべき保育所を選択し得るという地位を1つの法的利益として保障したものと認めるのが相当である」と述べ、保護者の保育選択を法的利益として承認した。これが本判決の特色の1つである。保護者の保育選択の法的利益の具体的な内容として、本判決は、①入所時における保育所の選択、②入所後における継続的な保育の実施、③具体的な保育の実施期間中に選択した保育園を廃止することは許されないこと、の3点を明示している[7]。

〈2 保育所廃止の裁量の制約〉

　本判決も、保育所廃止について市町村の「政策的な裁量判断」を認めている。しかし、その判断は、無制限なものでなく、保育所という「施設の性質や入所中の児童や保護者の利益が尊重されるべきであることを踏まえた上で、その廃止の目的、必要性、これによって利用者の被る不利益の内容、性質、程度等の諸事情を総合的に考慮した合理的なものでなければならない」と述べ、具体的に考慮すべきこととして、「保育所の性質から、利用者の日々の生活と密接に結びついており、長期間にわたり継続的な利用関係が想定されていること、その廃止が利用者に与える影響は、一般的には深刻なものが考えられること、法は市町村に対して必要な設置義務を定めていること（24条）、・・・法は、児童及び保護者の特定の保育所で保育を受ける利益を尊重すべきものとしていること等のことが挙げられる」とし、「これらの点にかんがみるならば、その廃止について被告が主張するように市町村の広範な裁量にゆだねられているとは解し得ない。」と結論づける[8]。

第2章 社会福祉労働の基礎的研究

〈3 保育所廃止の正当化理由・特段の事情の存否〉

本判決は、保育所を廃止するには、「合理的な理由」「特段の事情」が必要であり、これらが認められない場合は、裁量の逸脱・濫用となり、違法である。本判決は結論として次のように判断した。「平成15年12月18日の時点で、平成16年4月1日に本件民営化を実施しなければならない特段の事情があったとはいえない。『多様な保育ニーズに応えるため』『子どもの成長が早い』といった被告が説明してきた理由は、他方で種々の不利益を被る可能性のある児童、保護者の存在することを思えば、このような状況下で早急な民営化を正当化する根拠としては不十分といわざるを得ない。このような民営化は、児童及び保護者の特定の保育所で保育の実施を受ける利益を尊重したものとは到底いえない。」したがって、被告が民営化を実施するとしたことは、その裁量の範囲を逸脱、濫用したものであり・・・違法であると認めることが相当である。」[9]

田村氏は、同地裁は処分が違法であると宣言したものの、保育所廃止処分の取消しは命じず、原告の請求は棄却する判決を出した。違法であるが、これを取り消すことにより公の利益に著しい障害を生ずる場合において、裁判所は請求を棄却することができるという条文に従って出されたもので、このような判決は「事情判決」といわれる[10]。と解説した。

なお、この横浜地裁判決の内容については、全国保育団体連合会『月刊保育情報』(No.356) 2006年7月や旬報社『賃金と社会保障』(1420号) 2006年6月下旬号などで詳細に掲載されている。

横浜訴訟の原告団代表の金道敏樹さん(46才)は記者会見で、「保育の本質は箱でなく人にあることが認められてうれしい。市は子ども第1へと保育施策の方向転換を図ってほしい」[11] と訴えた。横浜市の保育園民営化は、2004(平成16)年度の4園から始まり、これまで12園が民営化された。市立保育園は他に114園あり、計画では2009(平成21)年度まで年4園ずつ民間に移管する。同市比江島勝秀・子育て支援部長は「大変厳しい判決。控訴するかは検討したうえで判断したい」[12] と話した。が、本件は被告より控訴されている。この横浜地裁判決は、保育園の民営化を進める全国の自治体

に大きな衝撃を与えたことと思われる。今後の市町村の進め方と対応は大いに注目される。

第2章　保育園民営化の方式とその背景

　保育園民営化の方式とその背景をまとめてみる。保育所の設置運営形態を図－1[13]に示す。認可保育所は設置、管理運営の主体によって、①公設公営、②公設民営、③民設民営の3種類に区分される。一般的には、①と②が公立保育所、③が私立保育所と定義される。公立保育所の民営化とは、1つ目、公設公営保育所の設置主体を変えずに管理運営部分のみを管理委託（①→②のⅠ）、または運営業務委託（①→②のⅡ）にすること（公設民営化）。公設民営化には、運営業務委託方式と指定管理方式の2方式が併存している。2つ目は、公立保育所を廃止し、保育所の土地・建物等を民間の法人等に無償貸与、または有償譲渡する（①→③　民設民営化）方式がある[14]。これは、公立保育所の「廃止・民営」化ともいうべきものである[15]。

　2001（平成13）年3月31日、厚生労働省は、通達「地方公共団体が設置する保育所に係わる委託について」によって、公立保育所の運営業務をどのような団体に対しても条例の制定や改正なしに業務委託ができるとする見解を示した[16]。これによって、東京都三鷹市は、2001（平成13）年4月に

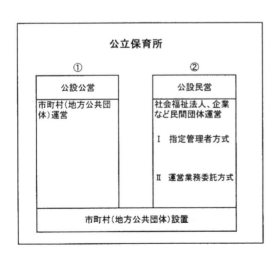

図－1　保育所の設置運営形態

新設の私立保育所の管理運営を株式会社に委託した。同様に、東京都文京区も2002(平成14)年8月に区立保育所の管理運営を株式会社に委託している。本来は法律を改定しておこなうべきことを一片の通達で行ったのは、非常に強引な行政手法である[17]と指摘される。

2003(平成15)年6月の地方自治法の改正により、「公の施設」の管理について、管理委託方式が廃止され、新に指定管理者方式が規定された。地方公共団体は、公の施設の設置、目的を効果的に達成するため必要があると認めるときは、条例の定めるところにより、法人その他の団体であっても当該地方公共団体が指定するものに施設の管理を行わせることができる[18]。つまり、官が独占してきた領域に民間が参入できることになったのである。公立保育所は、設置者である地方自治体(市町村)が管理運営するのが原則である。ところが最近、各地で公立各保育所民営化の施策がとられる背景には、もはや市町村には自ら保育所を設置、経営する必要はないという考え方があるようである[19]。

厚生労働省調査によると、全国約2万2,600の保育園のうち、公立は1万2,000あまり。公立から民間に転じた保育園は、2000(平成12)年度は26だったが、2005(平成17)年度は、143と増加傾向にあり、総数で828になった[20]。公立保育園の国の補助金が一般財源化されたことで、今後もさらに増えるとみられる。

保育園民営化は、どうして、何のために行われるのだろうか。自治体側は、待機児童を解消し、夜間や休日などの保育ニーズに応えるためと説明することが多い。だが背景には、自治体の予算が一般財源化し、補助金がなくなる中、コスト削減したい思惑がある[21]。国の保育予算の根幹を占める保育所運営費(1998年以前は措置費)予算の近年の推移をみると、1986(昭和61)年から増え続け、1990(平成2)年以降の伸長は著しく、2003(平成15)年度は、4,220億円であった。しかし、2004(平成16)年度は、前年度比36.8%減の2,665億円で大幅の減額となった。これは、小泉内閣が推進する「地方財政の三位一体改革」の影響を受け、公立保育所運営費国庫補助金の1,661億円がカット、一般財源化されたためである[22]。保育における公的責任を果たすためには、十分な予算が配分されることが、必要なのである。

ところが、保育改革をめぐる国の動きが活発化し、保育サービスの量的確保（公設保育所の民営化、企業委託の推進、認可外保育施設の弾力的活用）、保育所利用に関わる直接補助方式（バウチャー制）の導入、幼稚園と保育園の一元化、第三者評価の推進などの検討が進められている。公立保育所の民営化の推進を図るため、制度環境の整備が図られ、これら動きに呼応して、市町村の中には、実際に公立保育園の民営化を進める動きがみられている[23]のである。

第3章　埼玉県における保育園民営化等の動向

保育園民営化の推進は全国的な規模で、各自治体にみられるが、ここでは埼玉県における保育園民営化等について、その主な動向について整理しておこうと思う。

なお、埼玉県は、2005（平成17）年6月15日に、公共の施設の運営を民間企業等に開放する「指定管理者制度」について、県の公共施設61カ所に導入すると発表した。該当する施設は、2006（平成18）年度から指定管理者制度に基づいて運営されている。

〈新座市〉

新座市は、2005（平成17）年11月24日、同市が土地・建物を所有し、管理・運営を市内の社会福祉法人に委託している3カ所の「公設民営」保育所について、2006（平成18）年度から土地・建物を社会福祉法人に無償貸与し、設置主体も同法人とする「民設民営」保育所に切り替えることを明らかにした。同市内には、「公設公営」「民設民営」「公設民営」の3形態19カ所の保育所があり、保育人数は1,557人。うち、「栗原」「北野の森」「新堀」の3保育所が「民設民営」化の対象となる。「公設民営」保育所に対する国の補助金がカットされたことへの対抗措置で、須田健治市長は「公設民営なら補助金も出る。地方の防御策で、保育の中身が変わることはない」という。この3保育所には、2003（平成15）年度まで、年間9,900万円の補助金が支給されていたが、以後は市が補助金相当分を一般会計から支出していた。県子育

て支援課によると、「公設民営」保育所は入間市、和光市、朝霞市、川口市など県内に7市に計16カ所ある。民営化の動きは県内では新座市が初めだという[24)][25)]。

〈吉川市〉

　吉川市が打ち出した市立保育所の民営化方針に園児の保護者たちの不安が高まっている。民間活力導入による保育の質の向上を理由に、同市は2006（平成18）年度から市立保育所の1カ所を民間に委託する。保育士の入れ替わりなどで、「保育の質が下がるのでは」と保護者の不安は消えない。同市は保育の質は維持するとしているが、保護者たちは、民営化の延期を求めて議会に請願書を提出した。指定管理者制度を適用し、市立第三保育所の民営化を図る。これに対して、保護者らでつくる「保育所の民営化を考える会」（角田伸次会長）は、「市は保育の質を維持するといっているが、子どもたちの特性を熟知している保育士がいなくなる事態に保護者の不安は消えない。民営化でコストを削減するために、保育士の人件費を削り、雇用が不安定化し保育の経験が蓄積できず保育の質が落ちる懸念をぬぐえない。公立保育園は、地域の子育ての拠点となり、そこで働く保育士の経験と知識は実践に基づく市民の財産。民営化はその財産を捨てること」[26)]と訴えた。一方、同市は、2006（平成18）年4月から民営化を実施していく方針。

〈大利根町〉

　2006（平成18）年4月に2つの町立保育園の統合を計画していた大利根町は、保護者らの訴えなどを受け、2005（平成17）年12月議会提案を予定していた議案提出を見送った。10月下旬に同町から「町立保育所が4月統合する」と説明を受けた保護者らは、「急すぎて対応できない。環境面の不安も残る」などとして、著名約2,600人分を添えて、統合延期や見直しを求める請願を提出していた。同町は統合延期を視野に入れ、新に環境面などを再検討するという。同町によると、統合を計画しているのは、わらべ第一保育園（定員190人）と同第二保育園（定員80人）。10月下旬、第一の保育室を1室増やし、施設面積約880平方メートルで2園の計270人の定員を収容する案を

決め、保護者らには「財政難のため」と説明していた。同町の計画では、統合で削減できる運営費は最高で4,000万円程度。「運営赤字が厳しいのは事実。今後は保育士を増やすなど、予算と環境面を検討する。春までには統合できないだろう」と話した[27]。

〈川口市〉

　2002（平成14）年3月川口市は、行政改革大綱を策定し、その中に保育所の公設民営化計画が位置づけられた。多様化する保育ニーズに対して、民間活力を導入し効果的・効率的な保育行政をおこなうことを目的として、1部の市立保育所の管理・運営を民間事業者に促すこととした。同市はそれ以前の2001（平成13）年から新設2カ所を公設民営の保育所として開設しており、同市は指定管理者制度を活用して、2004（平成16）年度から5年間で9カ所を民営化する計画である[28]という。川口市福祉部児童福祉課は、行政サービス全体のレベルアップを図るためにも、指定管理者制度導入と今後の推進は重要な課題と述べる。

　ところで、2004（平成16）年度の埼玉県内市町村職員の給与月額をみると、市町村の一般行政職の給与水準は、平均43歳8ヵ月で35万4,382円。市部（平均年齢43歳10ヵ月）が35万5,879円、町村部（平均年齢43歳1ヵ月）が33万6,916円。川口市は、（平均年齢44歳1ヵ月）で、37万5,400円。川口市長の月額給与は、114万6,000円で県内最高であった[29]、と埼玉新聞に掲載された。

〈上尾市〉

　上尾市立上尾保育所で、2005（平成17）年8月、当時4歳の榎本侑人ちゃんが熱中症で死亡した事故を巡り、両親と同市立保育所保護者会連合会などは、12月22日、新井弘治・同市長の議会答弁に「不謹慎な発言があった」として撤回を求める申し入れをした。申入書によると、新井市長は2005（平成17）年12月16日の定例議会で再発防止策を聞かれた際、保育所費用に年間23億円の税金を投じながら事故が起きたと説明したうえで、「公設公営だけでなく公設民営や指定管理者制度も考える。民間の保育所では同様の事故

は起きていない」などと発言したという。同会は「原因も責任の所在も明らかでない段階で『公立が悪い』と断定するのは不適切だ」と撤回を求めた。また、侑人ちゃんの両親は「公立が悪いなら、管理責任は誰にあるのか。責任の丸投げではないか」と批判し、「自分の子どもの死が、民営化のきっかけのように思え、救いがない」と話した。新井市長は「二度とこのような事故が起きないよう、保育行政全般についてさまざまな角度から検討していく」と文書でコメントした[30]。

〈埼玉県指定出資法人〉

　埼玉県の指定出資法人の多くが、職員の給与の引き下げを進めている。指定管理者制度の導入により民間企業との競争にさらされ、人件費を削減せざるを得ない状況になったため。10％のカットが多く、中には3割近い減額に踏み切る法人もある。県からの派遣職員を減らすなど、脱「県依存」の動きも広がる。

　福祉施設を運営する県社会福祉事業団（457人）は、もっとも職員が多い法人で、いち早く人件費削減を進めてきた。2003（平成15）年10月から県と違う独自給料表を採用し、昇給を停止。2009（平成21）年度までに1人あたりの人件費を230万円削減する計画。競争相手の民間福祉施設の職員は、平均20歳前後だが、同事業団の平均年齢は42歳で給与は割高。同事業団は、「民間との競争に勝ち雇用を守ることが第一。そのためには人件費を削るしかない」という[31]。

第4章　福祉労働者の視点からみた保育園民営化の諸問題

　公立保育所民営化を巡っては、さまざまな視点があり、それぞれ立場によって、問題点や考え方などの相違はあると考える。ここでは、福祉労働者の視点から保育園民営化に関する幾つかの問題点を整理しておこうと思う。

〈1　子どもと保護者の不安〉

　公立保育園が民営化されると、その運営は市町村から他（例えば）の社会

福祉法人や企業等がおこなうことになる。よって、今まで働いていた保育士や園長等の職員すべてが、入れ替わる。実際、第1章で取り上げた横浜市立保育園の場合も、民営化に伴って4園すべての職員が、2004（平成16）年4月1日を境に一斉に入れ替わり、運営主体が社会福祉法人になることで、保育方針も大幅に変化した[32]。このことが、子どもの成長や環境にどんな影響を与えるのか。安心して子どもを預けられないという保護者の不安感は積もる。その不安を解消する説明も得られない。横浜市立保育園では、保育士が一斉に代わった後、子どもたちの怪我や夜泣き、おねしょなどが増えた、という[33]。混乱は2年後も続き、金道さん（横浜訴訟原告団代表）の次女は園庭で三輪車とぶつかって、唇を20針縫う怪我をした。民営化によって最も影響を受けるのは子どもたちである。村山祐一氏（帝京大学教授）は、「保育は一夕一朝に引き継げるものではない。子どもと保育士、親と、それに地域もかかわって、長い年月をかけて作り上げるものである」[34]という。幼い児童にとって、保育士は、父母の代理であり、簡単に入れ替えの効く存在ではないのである。「保育士の経験は市民の財産である」「保育の本質は箱でなく人にある」という保護者の声の重さを、保育の実施主体である行政はどれだけ分かっているのだろうか。

〈2　保育の質の論議〉

　民営化によって、起こる最大論点の1つは、保育の質論議であろうと思う。保育サービスをみる場合、2つの視点がある。まず、第1が市町村全体の保育サービスをみる点、第2視点は、個別の保育所サービスをみる点であろう。

　民営化目的の1つとして、自治体は多様な保育サービスの対応を挙げることが多い。実際、延長保育や休日保育などのサービスは、私立保育園のほうが進んでいる。2004（平成16）年度の延長保育の実施率をみると、全国の公立園は、36％に対して、私立園は85％である。しかし、中山徹氏（奈良女子大学助教授）は、「それを支える主力となっているのは、若手や非常勤の保育士たち」「非常勤の保育士を雇ってコストを抑えようとすれば、常勤保育士への負担が重くなる。過重労働で辞める保育士が多く出ると、子どもは安定した環境で保育を受けられなくなってしまう」と指摘する[35]。民営

化によって、人件費が削減され、若い層の保育士が中心となり、保育の質低下が危惧され、維持できるかどうかが論議される中、どうやって多様な保育サービスの充実を図っていくのだろうか。汐見稔幸氏（東京大学大学院教授）は、「コストカットしながら、質を維持できているのはごく一部の園。それも保育士の長時間労働など犠牲的努力によってやっと成り立っている。1、2年はそれで頑張れても、10年は続かない。コストダウン主眼の民営化が広がれば、結果的に保育全体の質が低下しかねない」と警笛を鳴らす[36]。

〈3 保育園民営化の目的とその中身〉

　田村和之氏（龍谷大学教授）によれば、公立保育園の廃止・民営化のねらいは、ひとえに財政「合理化」・公費削減にある[37]と一言する。財政難の中、公立保育園は私立と比べて保育士の人件費が高い分、経費がかかり自治体がそれを負担しているので、民営化されれば解消されるというもの。つまり、経費削減、コストダウンすることの中身は、そこで働く保育士等の人件費削減を意味する。保育園の経費に占める人件費の割合は、80％以上を占める。したがって、経費削減は人件費削減に向かうことになる。

　内閣府国民生活局の「保育サービス価格に関する研究会」報告書（平成15年3月）によると、公立保育所の保育士の月給は、30万1,723円、私立保育士は21万3,950円。平均年齢は、公立37才、私立31,4才。月給で約9万円、年齢で約6才の差があった[38]。この格差の理由は、経営上の事情、職場環境の違い、保育単価問題等を挙げることができる。公立保育園の場合、職員の身分は、公務員として継続的に保障され、解雇となったり、移管先に身分が移ることがない。とはいえ、年齢的なことをみれば、退職を視野に入れた移管が行われている[39]、という。

　ところで、介護労働者の分野をみると、厚生労働省の外郭団体の財団法人・介護労働安定センターが2003（平成15）年～2004（平成16）年に実施した調査では、介護分野の離職率は21％と全産業平均の16％を上回り、離職者の勤続年数も3年未満が約8割を占めた。賃金水準は、施設職員平均時給が1,260円と全産業平均の1,820円を600円近く下回っていることが分かった。雇用形態に非正規が多いことや、不規則な労働時間への現場からの不満も大

きく、同省は放置すれば離職率はさらに高まり、安定したサービス提供が困難になるとしている[40]。

〈4 保育園民営化の論点〉

中本美智子氏（大阪府吹田市議会議員：大阪市立大学大学院創造都市研究科）は、公立保育園の民営化に関する論議の論点整理を行ってみると、ある保育所の民営化に関して、① 国の制度をめぐる論点、② 地方自治体の行政施策をめぐる論点、③ 個別の保育園をめぐる論点、の3つが渾然一体となって市民や保護者から噴出していることがわかった[41]、という。保育所民営化をめぐる論点を表−1[42]に示す。これは、行政側の立場から整理したものであるが、民営化論点の全体像をみることができると思う。

個別の保育所をめぐる論点
○ コスト削減の優先で、保育士の数が減り保育の質が落ちる。
○ 保育士の年齢が下がり、十分な保育が行えない。親の相談にのってもらえない。
○ 突然先生が全員入れ替わるので、子どもへの影響が大きい。
○ 保育方針が転換されるのが嫌だ。
○ 新たに保育に関する費用負担を強いられるのではないか。

地方自治体の行政施策をめぐる論点
○ 待機児童を減らすことが急務である。
○ コストがかかりすぎている。人件費がかさんでいる。
○ コストを下げて、他の子育てメニューにまわす。
○ 民営化によって、特別保育の充実をはかる。
○ 施設の老朽化が進んでいるが、改修や建て替えの費用がない。
○ とにかく民営化反対である。保育所は公立で運営すべき。
○ 行政改革の一環としてのコスト削減先行にすぎない。
○ 保育行政のありかた・政策的展望がわからない、理解できない。
○ 公立のほうが安心である。
○ 保育行政は、公的役割なのに後退する。
○ 施設を民間へ売却、譲渡、貸与する場合、税金の使い方として不適切だ。
○ 現在公立保育所で働いている保育士の労働権の補償はどうなるのか。
○ 民営化への期間が短すぎる。
○ 民営化する事業者の選定に不安がある。

国の制度をめぐる論点
○ 国の公立保育所補助金の一般財源化と自治体への補助減額は問題だ。
○ 児童福祉法の改悪。
○ 民間企業やNPOにも保育所経営を可能にしたことは保育を産業として儲けの対象としている。

表-1 保育所民営化をめぐる論点

おわりに

　本稿は、社会福祉労働に関する基礎的研究の一環として、近年急速に進められている公立保育園の民営化を取り上げて、福祉労働者の視点から検討した。第1章で記述した横浜地裁の判決は、こうした問題に取り組む関係者にとっては、画期的であり、民営化を進める自治体にとっては、大きな衝撃となったことと捉えられる。この判決の中身をみると、民営化にかかる多くの問題が含まれている。本稿で整理した諸問題は、一部分に過ぎないと考える。今後の保育園民営化の動向をみながら、諸問題の各論を追究していくことが求められていると考える。

　急速な保育園民営化の動きに対して、盛岡市や千葉県船橋市など、各地で民営化反対の運動が展開されている。船橋市保育園父母会連絡会は、2006（平成18）年7月23日に「この街から市立保育園をなくさないで」と親子で市内をパレードした。同会会長の山本純子さんは、「市立保育園は、子ども1人ひとりに目配りした温かい保育が行われている。それを大切にしてほしい」と訴えた[43]。保育園民営化については、子どもと保護者、そこで働く保育士、地域市町村民1人ひとり問題である。ところが、今回は保育士ら労働者の活動や運動の姿が、見えてこなかった。危機的直面下、労働者の活動は、どのように展開されているのだろうか。そうした活動の内容を取り上げてみたいと考える。

【注】

1）毎日新聞社「保育園民営化は違法」毎日新聞、2006年5月23日付。
2）朝日新聞社「保育園の民営化　きょうの論点」朝日新聞、2006年7月17日付。
3）前掲2）。
4）前掲1）。
5）田村和之（たむら　かずゆき）、1942年生まれ、大阪市立大学大学院法学研究科修士課程修了。龍谷大学法学部教授、広島大学名誉教授。主な著書、論文は、『保育法制の課題』（頸草書房）1986年。『Q＆A私立保育園経営

の法律問題』(全国私立保育園連盟)1988年。『保育所行政の法律問題［新版］』(頸草書房)1992年。『実務注釈　児童福祉法』(信山社)1998年。など。
6) 田村和之「4つの横浜市立保育所の廃止・民営化を違法とし断定した横浜地裁判決」『月刊保育情報』(No.356)、全国保育団体連合会、2006年7月、8ページ。
7) 前掲6) 9ページ。
8) 前掲7)。
9) 前掲6) 9ページ〜10ページ。
10) 前掲6) 8ページ、10ページ。
11) 朝日新聞社「保育園民営化、説明は十分？」朝日新聞、2006年5月28日付。
12) 前掲1)。
13) 全国保育団体連絡会／保育研究所編『保育白書2005年版』ひとなる書房、2005年。11ページを基に筆者が作成した。
14) 前掲13) 11ページ。
15) 田村和之著『保育所の民営化』信山社、2004年、13ページ〜15ページ。
16) 前掲13) 11ページ。
17) 前掲15) 17ページ。
18) 前掲15) 14ページ。
19) 前掲13) 5ページ。
20) 読売新聞社「保育園民営化のゆくえ1」読売新聞、2006年7月25日付。
21) 前掲11)
22) 全国保育団体連絡会／保育研究所編『保育白書2000年版』ひとなる書房、2000年、11ページ。
23) 山縣文治「市町村における保育所・幼稚園行政の課題と対応―公営保育所の民営移管と幼保関係―」『保育年報2004』全国社会福祉協議会、2004年、38ページ。
24) 読売新聞社「「公設民営」保育所を「民設民営」に」読売新聞、2005年11月25日付。
25) 埼玉新聞社「新座市、保育所を民営化」埼玉新聞、2005年11月25日付。
26) 埼玉新聞社「保育士の経験は市民の財産」埼玉新聞、2005年6月8日付。
27) 埼玉新聞社「保育園統合、当面延期へ」埼玉新聞、2005年12月2日付。

28）増田眞一郎「保育所の指定管理者制度から」『埼玉自治』(Vol.30)、2006年3月、22ページ〜25ページ。
29）埼玉新聞社「04年度市町村　1年で職員400人減」埼玉新聞、2006年4月5日付。
30）全国保育団体連絡会「情報ファイル」『月刊保育情報』(No.351)、2006年2月、26ページ。
31）埼玉新聞社「県指定出資法人給与3割カットも」埼玉新聞、2006年4月11日付。
32）前掲6) 19ページ。
33）前掲11)。
34）読売新聞社「保育園のゆくえ3」読売新聞、2006年7月27日付。
35）読売新聞社「保育園のゆくえ4」読売新聞、2006年7月28日付。
36）朝日新聞社「保育園民営化拙速のツケ」『AERA』(No.22)、2006年5月15日、32ページ〜33ページ。
37）田村和之「大東市立三箇保育所廃止処分取消請求事件の大阪高裁判決（2006年4月20日）について」『月刊保育情報』(No.355)、全国保育団体連絡会、2006年6月、2ページ。
38）汐見稔幸、近藤幹生、普光院亜紀『保育園民営化を考える』岩波ブックレットNo.651、2005年、9ページ。
39）前掲23) 45ページ。
40）アイオーエム『月刊切り抜き保険』2006年6月（神戸3.29)、220ページ。
41）中村美智子「公立保育所成功のポイント＝上＝」『月刊地方自治職員研修』(No.538) 公職研、2006年2月、62ページ〜64ページ。
42）前掲32) 64ページ。
43）前掲20)。

　本稿は、田代国次郎編『草の根福祉』（第38号）、2006年、63ページ〜76ページに掲載された。

指定管理者制度の導入と社会福祉施設

はじめに

　「保育士の経験は市民の財産」である。2005（平成17）年6月8日付の埼玉新聞では、吉川市立保育所の民営化方針に対して、保護者らは、その延期を求めて請願した記事が掲載された。冒頭は、その見出しであり、内容を下記にまとめて、本稿のはじめとしたい。

　2005（平成17）年5月末、埼玉県吉川市では、市立保育所の民営化に対して、園児の保護者らは、不安をぬぐいきれず、民営化延期を求めて議会に請願書を提出した。

　吉川市は、民間活力導入による保育の質の向上を理由に、2006（平成18）年度から市立保育所（第一保育所、第二保育所、第三保育所）のうち1ヵ所を民間に委託する。公的な団体だけでなく、民間事業者にも公的施設の管理委託ができる指定管理者制度を適用して、市立第三保育所の民営化を図る。委託先は、社会福祉法人、学校法人、企業などで、6月議会に保育所の設置・管理改正条例を提案した。9月議会には選定した指定管理者の承認を求める議案を提出する。

　これに対して、市立と私立5つの保育所、保育園の保護者らでつくる同市保育所連絡会は、「保育所の民営化を考える会」を立ち上げるとともに、私立保育所に子どもを預ける保護者にアンケート調査（222世帯、回収率98％）を実施した。その結果（8割が民営化反対・延期）を基に、民営化反対・延期の方針を決めた。角田伸次同会長は、「市は、保育の質を維持すると言っているが、子どもたちの特性を熟知している保育士がいなくなる事態に、保護者の不安は消えない。民営化でコストを削減するために、保育士の人件費を削り、雇用が不安定し、保育の質が蓄積できず、質低下の懸念はぬぐえない。公立保育園は、地域の子育て支援の拠点となり、そこで働く保育士の経験と知識は、実践に基づく市民の財産。民営化は、その財産を捨てること。民営化を延期し、今後入所してくる子どもたちのためにも、公立保育所のあり方をじっくりと論議すべきだ」[1]と訴えた。

　一方、戸張新吉市健康福祉部長は、「応募要項の策定にあたっても保護者

代表と話し合いをもっており、選定や引き継にも保護者を入れて話し合っていくので、保護者の意見は十分反映できると思う」と述べ、民営化はすすめていく方向であるという[2]。

ここで取り上げる指定管理者制度は、地方自治法の一部を改正する法律によって、創設されたものであり、経過措置はあるものの実質的には、2006（平成18）年4月から全国の自治体において、この制度の積極的な活用が見込まれる。指定管理者制度をめぐる課題は、さまざま考えられるが、本稿では、指定管理者制度の導入と「公の施設」としての社会福祉施設とのつながりを概観しつつ、施設現場の視点から同制度に関する課題を考察しておこうと思う。

1 指定管理者制度の概要とその背景

指定管理者制度とは、何か。地方自治法の一部を改正する法律が、2003（平成15）年6月6日に成立、同月13日公布、9月2日から施行された。指定管理者制度は、第224条「公の施設」に関連する制度である。従来、公の施設の管理は、直営できない場合は、地方公共団体が出資する法人や公共的団体などに限られていた。しかし、この制度の導入により、これらの団体に限定されることなく、民間事業者などの団体でも管理ができるようになった。新規に設置される公の施設については、指定管理制度を導入し、これまで管理委託してきた場合については、原則公募で指定管理者を選定することになった[3]。つまり、管理委託制度から指定管理者制度への転換が義務づけられたのである。経過措置では、法律施行の日から起算して3年を経過する日までの間は、従前の例による[4]、とされる。

（財）地方自治総合研究所の三野靖[5]は、指定管理者制度と管理委託制度の両者を比較検討し、指定管理者制度ポイントとして次の3点をあげている。1点目、管理委託制度では、自治体と管理受託者の関係は、委託・受託という法律と条令に根拠をもつ公法上の契約関係であったが、指定管理者制度におけるその関係は、指定という行政処分に基づくもので、契約とは異なる関係である点である。そして、指定管理者の指定は、議会の決議事項である。2点目は、公の管理について、従来は自治体の出資法人等に限定して管理を委託することができたが、指定管理者制度では、自治体が指定する民間

事業者を含む「法人その他の団体」に管理を行わせようとするものであり、その対象範囲が拡大された点である。3点目は、指定管理の権限について、条例の定めるところにより、指定管理者に使用許可権限を付与することができる点である。そして、これらポイントは、同時に指定管理者制度の課題でもある[6]と指摘する。

ところで、指定管理者制度導入の背景は、どのようなものだったのだろうか。稲葉馨（東北大学大学院法学研究科）によれば、本制度導入を促した要因として、いくつかのものをあげることができるが、とりわけ、新自由主義政策の推進ないし、規制緩和（規制改革）・政府サービスの民間開放といった動向が重要な要因になっている[7]。また、同様な潮流のなかで、1999（平成11）年5月に施行された「民間資金等の活用による公共施設等の整備等に関する法律」いわゆるPFI（Private Finance Initiative）法の一層の活用を可能にするために、公の施設の管理受託者の範囲拡大が求められ、経済団体等の意見や、自治体側からの要望に応える面もあったという[8]。

本制度導入の理由は、何か。改正法案の国会審議における政府側の説明意見では、①公の施設に関する多様化する住民ニーズに効果的・効率的に対応するには民間事業者のノウハウを活用することが有効である。②民間主体にもこれに応ずる十分なサービス提供能力をもったものが増えている。③各自治体からの要望も多い[9]、ことなどが導入理由とされている。つまり、指定管理者制度は、公の施設に係る管理主体の範囲を民間事業者等まで広げることにより、住民サービスの向上とともに、経費の節減を図ることを目的とした制度であり[10]、政府（各府省）は、この制度の積極的な活用を促している。

しかし、本制度に対する認識や受け止め方は、それぞれの立場によってさまざまである。例えば、全国の各自治体では、公立図書館や美術館などについても民営化が広がり、NPOや企業などが施設運営にのりだす動きが新聞紙上で報じられた。山梨県山中湖村立図書館「山中湖情報創造館」の運営は、NPO「地域資料デジタル化研究会」で、持続的サービスとコスト削減を目指している。これに対して、日本図書館協会の大橋直人常務理事は、「民間委託のところは低賃金労働が多く、継続して働くのは難しい。図書館員の専門性、運営の持続性に不安がある。行政直営を原則にすべきだ」と疑問視す

る[11]。島根県立美術館は、民間委託に踏み切り、広島市や富山県も委託を決めているという。こうした動きに対して、三重大学の山口康弘教授は、「集客重視のイベントに流れ、むしろ弊害の方が大きくなる。民間に任せればうまくいくというのは幻想だ」という。また、東京大学の小林真理助教授も、「美術館は収益を生み出す存在ではない、行政が長期的に支えないと成り立たない分野だ」と指摘した[12]。保育園の民営化については、冒頭（はじめに）で例示した他、東京都中野区では、公立認可保育所に指定管理者制度を導入[13]した例もある。他方、「保育園を考える親の会」では、民間委託、民営化に不安をいだき、ガイドラインづくりに取り組んだ保護者会の存在もある[14]。

2　埼玉県における指定管理者制度導入の動向

　ここでは、埼玉県内における指定管理者制度に向けた動向を概観しようと思う。2005（平成17）年2月10日付の埼玉新聞によると、埼玉県は、県有の34施設、約365ヵ所（同制度の導入が法律上可能の県有施設403ヵ所のうち9割にあたる）について、公共施設の管理運営を民間企業に開放する指定管理者制度を導入する方針を固め、2005（平成17）年2月定例県議会に条例改正案を提出した。議決を得た上で、それぞれの施設の委託先を公募し、2006（平成18）年4月から委託先を開始する。これまで、公共施設の多くは県の指定出資法人が管理運営してきた。同

施設名	所在地	施設名	所在地
埼玉会館	さいたま市浦和	社会福祉総合センター	さいたま市浦和区
熊谷会館	熊谷市	奥武蔵あじさい館（宿泊施設）	飯能市
彩の国さいたま芸術劇場	さいたま市中央区	熊谷点字図書館	熊谷市
県民活動センター	伊奈町	母子福祉センター	さいたま市大宮区
青少年総合野外活動センター	秩父市	県民健康福祉村	越谷市
自然学習センター	北本市	産業文化センター	さいたま市大宮区
山西省友好記念館	両神村	農林公園	川本町
長瀞総合射撃場	長瀞町	種苗センター	川里町
狭山丘陵いきものふれあいセンター	所沢市	県民の森	横瀬町
あらかわビジターセンター	秩父市	みどりの村	秩父市・小鹿野町
さいたま緑の森博物館	入間市	森林科学館	秩父市
防災学習センター	吹上町	都市公園	県内各地
*嵐山郷（障害者入所施設）	嵐山町	県営住宅	県内各地
*上里学園、おお里、いわつき（児童養護施設）	上里町、大里町、さいたま市岩槻区	さいたまスーパーアリーナ	さいたま市中央区
*障害者歯科診療所	朝霞市、深谷市、草加市	さいたま文学館	桶川市
*伊豆潮風館（宿泊施設）	静岡県伊東市		
*障害者交流センター	さいたま市浦和区	*印は、埼玉県社会福祉事業団	

表-1　埼玉県における指定管理者制度を導入する県関係施設[17]

施設名	
宇宙劇場	杉の子園
記念総合体育館	大砂土身体障害者デイサービスセンター
大宮武道館	母子生活支援施設
浦和ふれあい館	児童センター
大宮ふれあい福祉センター	放課後児童クラブ
介護老人福祉施設・老人福祉施設グリーンヒルうらわ	市営駐輪場
老人福祉センター	北浦和臨時駐車場
健康福祉センター西楽園	北与野駅北口地下駐車場
老人憩いの家	桜木駐車場
高齢者デイサービスセンター	岩槻駅東口公共駐車場
与野本町デイサービスセンター	新治ファミリーランド(群馬県)
心身障害総合センターひまわり学園	大宮ソニック市民ホール
大崎みつみの里	伝統文化施設
障害者福祉施設春光園	産業文化センター
槻の木	働く女性の家
日進職業センター	都市公園
かやの木作業所	高齢者いこいの公園
みずき園	地域プール
心身障害者地域デイケア施設	大宮公園サッカー場
さくら草学園	文化会館

表-2 さいたま市が指定管理者へ管を委ねるとした施設[19]

制度の導入によって、出資法人は民間企業との競争にさらされる。県改革政策局によると、全23出資法人に出向している県職員は、200人ほどで、今後は、出向職員を削減していく[15]。同制度の活用により、県民サービスの向上や経費削減など、より効果的・効率的な施設運営を目指す[16]。

埼玉県における指定管理者制度を導入する県関係施設は、表-1のとおりである。

次に、さいたま市の場合を概観しておこう。2005(平成17)年6月2日に開催された、さいたま市議会の議会運営委員会において、市側は6月議会に提案する計62議案を説明、うち40議案が指定管理者制度のための条例改正案で、対象となる市の公共施設は、208施設に及んだ。指定管理者選定のあり方を審議する「都市総合対策特別委員会」を設置し、論議を続けることとなった。さいたま市は、条例改正後、指定管理者を公募するなどし、夏には指定管理者選定作業を開始し、12月議会で決議を受け、2006(平成18)年4月には管理を委託する方針である[18]。さいたま市が指定管理者へ管理を委ねるとした施設を表-2に示す。

そして、比企郡嵐山町では、指定管理者制度について、どのように捉えているのだろうか。2005(平成17年)6月14日現在、嵐山町役場総務課に直接確認したところ、「同制度導入については、現在検討中である」という回答であった。「議会報らんざん」(No.118)、2005(平成17)年5月では、次

のように記される。川口浩史議員から「指定管理者制度の導入が言われているが、嵐山町は導入するのか」という質問に対して、政策推進課長は、「導入するか、直営にするか、平成17年度中に決める」と回答している。また、「もし導入するのであれば、町長や議員の兼業禁止の規定はないから、そうした規定を設けるべきではないか。また、利用料は、指定管理者により今より増やすことができるが、限度も決めておかないと利用者が減ることも考えられる。このような点については、いかがか」との再質問に対して、政策推進課長は、「導入の場合は、そのような点について留意したい」[20]と回答している。

指定管理者制度に対する各地方自治体の状況にバラツキがみられる。ここで取り上げた例は、ごく一部ではあるが、本制度の導入に向けて着実に走りはじめており、その動向は、今後もさらに活発化することが見込まれる。

3 指定管理者制度に対する埼玉県社会福祉事業団の動向

ここでは、埼玉県における指定管理者制度を導入する県関係施設のなかで、埼玉県社会福祉事業団の動向を整理しておこうと思う。埼玉県社会福祉事業団は、埼玉県が設立した社会福祉施設を管理運営するために、1972（昭和47）年10月2日（設立登記）に誕生した。当時、県単位の事業団としては、全国34番目であった。同年11月1日に埼玉県立上里学園、埼玉県立花園児童学園及び埼玉県立花園学園の管理運営を受託した。3施設で職員数73人であった[21]。
それから、33年経過した2005（平成17）年4月1日現在の埼玉県社会福祉事業団の施設一覧を表－3に示す。これによると、同事業団は、埼玉県から8施設の運営を受託し、4施設を自主経営している。職員定数も、595人となり、設立当初と比べその規模も大幅に拡大された。その間、事業団改革の推進により、各施設においては、自主的経営、新規事業の開拓、人事管理、給与制度の見直し、などの経過を経て現在に至っている。このうち、同事業団運営施設である上里学園、おお里、いわつき、嵐山郷、障害者交流センター、伊豆潮風館の施設と障害者歯科診療所（3施設に併設）について、指定管理者制度の導入が予定される。これによって、同事業団の運営する社会福祉施設と現場労働に対して大きな影響を与える。

2005（平成17）年6月15日に埼玉県は、公共の施設の運営を民間企業等

※ 太字はH17年度事業　※ 自主経営施設

事務所名	施設種別	所在地	受託(開設)年度	定員(人)	職員定数(人)	備考
本部事務局		さいたま市浦和区北浦和5-6-5	-	-	23	
上里学園	児童養護施設	児玉郡上里町三町183	昭和47年	140	42	
おお里	児童養護施設	大里郡大里町中恩田289	昭和52年	116	35	
いわつき (乳児院は自主経営)	児童養護施設	さいたま市岩槻区徳力206	昭和57年	88	35	
	乳児院 (H17年10月開始予定)		平成17年	9	6	(開設予定)
花園児童学園 (自主経営)	知的障害児施設	大里郡花園町小前田2691	昭和47年 (平成17年度から事業団へ移管)	30	6	
花園学園 (自主経営)	知的障害者更生施設			90	26	小規模生活支援センター併設
	知的障害者通所授産施設 (H17年4月1日開所)		平成17年	20		
あげお (自主経営)	知的障害者更生施設	上尾市平塚820	昭和57年 (平成17年度から事業団へ移管)	100	28	障害者生活支援センター併設
	知的障害者通所更生施設 (H17年4月1日開所)		平成17年	20		
嵐山郷 (保育所は自主経営)	知的障害児施設	比企郡嵐山町古里1848	昭和51年	25	274	療育拠点施設事業
	知的障害者更生施設			329		
	重症心身障害児施設			60		歯科診療所併設
	保育所 (H17年4月1日開所)		平成17年	45	4	
皆光園	身体障害者療護施設	深谷市人見1998	昭和51年	入所50 デイ20 (17.4.1開始)	36	通所・聴能訓練部門 歯科診療所併設
そうか光生園	身体障害者療護施設	草加市柿木町1215-1	昭和63年	入所50 デイ15 (17.4.1開始)	40	通所・聴能訓練部門 歯科診療所併設
あさか向陽園 (自主経営、※歯科診療所は埼玉県から運営受託)	身体障害者授産施設	朝霞市青葉台1-10-60	昭和58年 (平成16年度から事業団へ移管)	50	11	
	身体障害者通所授産施設			20		
	知的障害者通所授産施設			20		
	歯科診療所		昭和58年	-	4	
障害者交流センター	身体障害者福祉センターA型	さいたま市浦和区大原3-10-1	平成2年	-	25	
伊豆潮風館	障害者更生センター	静岡県伊東市富戸1317-89	昭和63年	宿泊定員80	-	
合計				入所1137 通所160	595	

表-3　平成17年度　埼玉県社会福祉事業団施設一覧[22]

第2章　社会福祉労働の基礎的研究

【2005年度に公募】	
青少年総合野外活動センター	秩父市
防災学習センター	吹上町
自然学習センター	北本市
さいたま緑の森博物館	入間市、所沢市
狭山丘陵いきものふれあいの里センター	所沢市
伊豆潮風館	静岡県伊東市
社会福祉総合センター	さいたま市浦和区
熊谷点字図書館	熊谷市
奥武蔵あじさい館	飯能市
県民健康福祉村	越谷市
農林公園	川本町
戸田公園	戸田市
吉見総合運動公園	吉見町
荒川大麻生公園	熊谷市、江南町
北本自然観察公園	北本市
あらかわビジターセンター	秩父市(旧荒川村)
山西省友好記念館	両神村
みどりの村	小鹿野町
森林科学館	秩父市(旧大滝村)
秋ヶ瀬公園	さいたま市桜区、志木市
森林公園緑道	滑川町
久喜菖蒲公園	久喜市、菖蒲町
さきたま緑道	行田市、鴻巣市、吹上町
みさと緑道	三郷市
吉川公園	吉川市
彩の森入間公園	入間市
花の里緑道	行田市、川里町
【2007年度に公募】	
上尾運動公園	上尾市
川越公園	川越市
しらこばと公園	越谷市、さいたま市岩槻区
加須はなさき公園	加須市
所沢航空公園	所沢市
秩父ミューズパーク	秩父市、小鹿野町
長瀞総合射撃場	長瀞町

表-4　指定管理者制度により管理者を公募する県施設[24]

に開放する「指定管理者制度」について、県の公共施設61カ所に導入すると発表した。その内容は、翌6月16日付の地元埼玉新聞をはじめ、朝日、読売、産経新聞などに掲載された。埼玉新聞によると、そのうち民間企業も参入できる公募する施設は、35カ所で、他の26施設は、公募を行わず県が委託先を決める「随意指定」を採用する[23]こととなった。指定管理制度により管理者を公募する県施設は、表-4のとおりである。

県改革政策局によると、公募対象は、管理ノウハウの蓄積がそれほど必要ではなく、民間でも十分対応できる施設。35施設のうち28施設は、本年度に公募を行い、2006年度から管理を受託する。7施設は、2007年度に公募をおこなう。委託期間は、原則5年間で、地元市町村へ移管の可能性のある施設は、2年間とした。

一方、26施設は、公募を実施せず、これまでの実績を考慮して県が一団体に管理委託する随意指定を採用し、嵐山郷、障害者交流センターなどの障

害者施設は、原則5年間の委託となった。26施設が随意指定になったことについて、県改革政策局は、「一番大切なのは施設のサービス水準の維持。一気に公募に切り替えるとかえって混乱を招く」ためとしている。今年2月発表した県行財政改革プランによると、指定管理者制度の導入により、管理委託費を単年度で10億5千万円削減できる見込み[25]であるという。

なお、埼玉県社会福祉事業団が受託運営する伊豆潮風館は、管理者を公募する施設の一つとなった。随意指定をおこなう26施設は、表-5のとおりであり、該当施設に対する理由は、下記のとおりである。
① 企画や事業運営に県の意見を反映されるべき施設、複合施設のため他管理団体との調整が必要な施設（施設の運営状況等を検証し、3年後に見直しを実施）。
② 利用者が重度の障害者であったり、特に個人情報の保護を必要とする施設。
③ 移管が決定している施設及び地元市と共同して管理を行っている施設[26]。

表-5　随意指定をおこなう26施設[27]

指定期間：3年		指定期間：原則5年		指定期間：2年	
①に該当する施設		②に該当する施設		③に該当する施設	
彩の国さいたま芸術劇場		嵐山郷		都市公園（3施設）	狭山稲荷山公園
埼玉会館		障害者交流センター			和光樹林公園
熊谷会館		歯科診療所	皆光園		新座緑道
県民活動総合センター			そうか生光園		
種苗センター			あさか向陽園		
都市公園（4施設）	こども動物自然公園	母子福祉センター			
	羽生水郷公園	特別県営住宅			
	埼玉スタジアム2002公園	特定公共賃貸住宅			
	熊谷スポーツ文化公園				
さいたまスーパーアリーナ		②に該当する施設			
産業文化センター		児童養護施設	いわつき（指定期間3年）		
さいたま文学館			おお里（指定期間4年）		
			上里学園		
計12施設		計11施設		計3施設	計26施設

※　県営住宅については、現在、法制化が進められている管理代行制度の導入を検討中。

4　社会福祉施設の労働が直面している課題

　埼玉県における指定管理者制度導入に向けた流れのなかで、埼玉県社会福祉事業団の社会福祉施設の動向を概観した。同事業団の受託運営するほとんどの施設が、これまでの実績が考慮された随意指定によって、指定管理者として指定されることとなった。しかし、これで安心していられる状況ではない。県改革政策局のいう「一気に公募に切り替えるとかえって混乱を招く」の理由のとおり、今後の行方は極めて不透明であるからである。そこで、本章では指定管理者制度の影響によって、社会福祉施設の労働現場が直面している幾つかの課題を整理しておこうと思う。

課題1　〈随意指定によって、社会福祉施設はどうなるのか〉

　指定管理者の指定行為は、公の施設の管理権限を指定管理者に委任するもので、行政処分としての法的性格をもつ[28]ものである。指定管理者の指定の手続きは、条例で定めることになっており、申請方法、選定基準、方法等についても特段の縛りがないため、条例の規程や運用次第で、選定の対象を限定することも可能である。そこで、指定管理者を既存の外郭団体等に限定する内容の条例を制定する自治体もある[29]。先にあげた埼玉県の場合は、平成18年度に指定管理者制度を導入する公の施設について、その対象を61施設（公募35施設、随意指定26施設）とし、指定期間を定めて発表した。随意指定になった最大の理由として、施設サービス水準の維持があげられた。社会福祉施設を利用される重度の障害者などに対するこれまでの実績が考慮されたと理解される。さらには、既存団体の整理や職員の処遇問題などの課題もあって、現状では混乱をさけ、随意指定という方法を選択したのではないだろうか。指定管理者は、毎年度終了後事業報告書を作成し、地方公共団体に提出する。事業報告書には、次のような事項を記載する。①管理業務の実施状況、②公の施設の利用状況（利用者数、利用拒否等の件数、理由等）、③料金収入の実績、④管理経費等の収支状況、⑤その他指定管理者による管理の実態を把握するために必要な事項[30]、などである。これからの実績が評価となり、その団体の存続が左右される。競争する社会、市場原理の潮流は、社会福祉施設の現場に直撃する。経費削減、効率化によって、職員の人件費

は削られ、最低基準によって職員数が押さえられる。一方でサービスの向上が求められる。利用者の生命をあずかる社会福祉施設の現場は、市場原理のもと厳しい状況にさらされる。

ところで、埼玉県議会事務局編「さいたま県議会だより」2005（平成17）年4月23日付に次の内容が掲載されていた。「Q：障害者・児施設の嵐山郷は、重度の入所者が多く、また、入浴介助や夜勤などさまざまな業務があり、職員の削減により職員の負担と責任が重くなっている。これ以上の人員削減が進めば、入所者に対する適切かつ充実したサービスが保障できないのではないか」という質問に対して、「A：社会福祉事業団からは、民間の施設と同じようなコストで同様のサービスができるように懸命な努力をしていると聞いている。サービスを維持しながらも効率を上げる改革が懸命になされていると認識している」[31]との回答であった。ここでいう改革とは、人事管理、給与制度の検討についてであろうか。このやりとりから施設現場の職員は、何を感じるのだろうか。

課題2　〈指定期間が終わるとどうなるのか〉

指定管理者の指定は、期間を定めておこなうものとされる。どのくらいの期間にするかは、その施設の性格等を勘案して適宜定めることとなる[32]。従って、10年単位の長期間の指定もあれば短期間の指定もあり得る。1～3年の短期間では、運営の不安定化が懸念されるが、指定管理者の緊張感を維持するという観点からみれば、プラスに作用する場合が多い。社会福祉施設のように一定期間計画的にケアプランに基づき運営をする施設は、安定的に施設の管理運営できる期間を確保することが必要である。自治体によっては、指針等で標準的な期間を定めている[33]。

指定期間の基準として、表-6に示す。

表-6　指定期間の基準 [34]

・　継続3年、新規2年（熊本市）
・　原則3年以上5年以下（横浜、函館市、町田市、高槻市、浜松市）
・　原則4年（北海道、松戸市）

- 原則3年、社会福祉施設5年（宮城県、多賀城市）
- 原則5年以内（熊本県、千葉市、堺市、板橋区、岡山市〔最長10年〕）
- 最長10年、最短2年（練馬区）

　これによると、社会福祉施設の場合は、5年が標準値であろうか。埼玉県の場合、随意指定施設のうち、指定期間原則5年となったのは、嵐山郷、障害者交流センター、歯科診療所（皆光園、そうか光生園、あさか向陽園）、母子福祉センターなどであった。指定期間が切れれば、そのたびに原則公募（施設によっては、随意指定も考えられる。）による。指定が継続される保障はない。つまり、経営者は経営不安を、労働者は雇用不安という圧力におされることになる。そこで、既存施設の安定的な運営を確保するため、指定管理者へ移行する当初の段階では、一定期間、現在受託している団体を優先して指定し、統廃合をすすめる猶予期間をおき、その間に団体のサービスの質や経営能力の向上を図るための自助努力を促し、その後順次、公募に切り替えるソフトランディング手法も考えられる[35]。

課題3 〈サービスの向上と経費の節減は、両立できるのか〉

　指定管理者制度は、公の施設の管理について、住民サービスの向上と経費の削減を図ることを目的としている。そもそも、この目的自体についても疑問視されている。ここには、行政のホンネとタテマエが混在しており、結局、行政のホンネは財政難のところ、経費削減が目的であり、行政も民間事業者もコスト論に終始することが危惧されるという指摘である[36]。つまるところ、管理者にとって、経費削減の標的は人件費である。社会福祉施設において人件費の占める割合は高値である。例えば、大阪府障害者福祉事業団金剛コロニーでは、2003（平成15）年度予算約50億円のうち、人件費に占める割合は、75％（39億円）[37]である。この値をどうみるかは、それぞれの立場によって多様であろうと思われる。それでも管理者がまず手をつけるのは、給与制度の見直し、業務実績評価、常勤職員の削減、非常勤・パート化などの推進である。つまり、経費削減の中身は、職員の給与を下げること、常勤職員を削減し、その穴埋めを非常勤・パート化すること、業績評価によって競争をあ

おること、などである。結局、その他大勢の社会福祉施設現場で働く者は、厳しい労働条件のもと利用者の生命を支える困難な業務を担うことになる。その上で、サービスの向上を目指す。福祉サービスの向上につなげるためには、そこで働く労働者が、安心して働ける条件、待遇であることが重要なのである。社会福祉施設現場の現実は、いったい誰が理解しているのだろうか。

　2005（平成17）年2月、石川県かほく市のグループホームで、入居者84歳の女性が夜勤をしていた職員（28歳男性）に殺された事件が話題となった。石油ファンヒーターを服の上から押しつけられ、やけどによる熱傷性ショック死だった。女性は老いて重い認知症を患い、職員は、週3回の夜勤パートで、介護が必要な祖母の世話をするため技術を習得したいと、このグループホームに勤めたという[38]。

　2005（平成17）年3月6日付の埼玉新聞では、「介護施設職員、入所者に憎しみ3割」と報じられた。これは、2004（平成16）年の連合の調査によるもので、職員の疲労度が強いほど憎しみを感じ、虐待や身体拘束する割合が高まる傾向にあるとされ、労働環境と入所者への対応が密接に結びついていることを示している。施設に利益優先の考えが持ち込まれ、正規職員を解雇し非常勤職員に切り替える動きが目立つようになった。収入や労働条件が悪化し、定着率も悪くなったとされる。同様に家族に対する連合による調査においても、35％が「憎しみを感じることがある」と回答した。仕事の肉体的なつらさや疲労の蓄積、仕事への不満などが精神的な負担に拍車をかける可能性は高い。同調査によって、利用者に余裕をもって接することができない職員の姿が浮かび上がった[39]。

　社会福祉施設の現場で働く者にとって、これら事例は、人ごとではすまされない。現実に直面した今日か明日の問題なのである。

　連合による介護保険三施設調査は、施設の置かれている現状を明らかにし、良質な介護サービス確立のため、施設と利用者との関係、介護労働者との関係、そして地域との関係を調査するとともに、介護労働者の置かれている労働条件の実態を明らかにし、良質な介護サービス提供するためには何が求められているのかを検討したものである[40]。この内容は、『れんごう政策資料』（155）としてまとめられ、報告されている。

課題4 〈社会福祉施設の現場で働く者は、だれでもいいのか〉

　立正大学大学院の田代国次郎教授によれば、「日本の福祉は戦後最大の危機に直面している。市民の関心がもっと深まらない限り、当分この状況は続き、明るい展望はない」と一括する。これまで日本の福祉を支えてきた社会福祉法人も利潤追求の影響を受けざるを得ない。利潤追求のためには、人件費の圧縮が必要となり、そこで起きているのが職員の使い捨ての構造であると指摘する[41]。施設の現実に直面し、職場を去った職員は、随時補充される。経営が利潤を優先するなら、施設の問題点を指摘して改善を求めてくるような経験者や専門職はむしろ邪魔であり、様子の分からない人を短期間で入れ替える方が好都合である。こうして、使い捨ての構造が生まれる[42]という。

　地域の求人情報広告に、障害者施設の求人情報が掲載された。これによると、福祉施設で利用者の介護員（契約職員）を応募する。資格等不問、週5日勤務で変則勤務のできる方、年齢は55歳位迄、日給7,220円。週40時間、週休2日制、交通費別途支給、社保加入、応募は面接による[43]、とある。社会福祉施設の現場には、どのような職員が採用されるのだろうか。

　介護事故や事件が発生するたびに、社会福祉施設職員に対して高い専門性が求められる。施設利用者の状態を理解し、冷静な対応を学ぶ研修や十分な人員配置、職員同志による情報の共有化、悩みを打ち明ける仕組み、などの必要性が訴えられる。そして一方では、容易に職員の入れ替えが行われる。社会福祉施設の現場に働く者は、これから何を目指して、いけばいいのだろうか。労働者1人で問題を抱えていても解決の糸口はみつからない。社会福祉施設労働者の組織化が求められていると思われる。

おわりに

　本稿は、社会福祉施設の労働に関する基礎的研究の一環として、現在注目されている指定管理者制度について、公の社会福祉施設との関連性を追いつつ、社会福祉施設の現場の視点から直面している課題を整理した。2006（平成18）年度から全国の地方自治体において、この制度の積極的な導入が開始される。ここでは、埼玉県と社会福祉施設を取り上げて、指定管理者制度の動向を概観した。この制度によって、社会福祉施設の労働現場で、直面し

ている4課題をまとめてみたが、実際はもっと多くの課題が存在するし、この制度をみるスタンスによっては、さまざまな課題の捉え方があると考える。指定管理者制度の導入を目指す民間企業やNPOなどにしてみれば、新たなビジネスチャンスの機会であるし、既存の出資法人にとっては、法人の存在意義が問われることになる。と同時にプロパー職員の処遇問題にも発展する。職員にとって、職場を失えば生活にかかる重要問題である。この問題が現場から遠く離れた議会の場で、検討されている。社会福祉施設の実践は、これまで利用者の生活を支え、1人ひとりの生命を守るべく、そこで働いた職員の長い時間と処遇によって積み重ねられ、現在に至っている。これが社会福祉施設の実績であり、現場の専門性であろう。それが現場を知らない新たな制度によって、簡単に切り捨てられてはならないと考える。公の社会福祉施設で働く職員の問題は、利用者と保護者の問題であり、市民、県民の問題でもあると思うからである。

　2005年4月23日、埼玉県社会福祉事業団労働組合が、同年7月4日には、自治労埼玉県社会福祉事業団ユニオンが結成された。こうした組合運動の今後の展開が注目視される。

【注】
1) 埼玉新聞社「保育士の経験は市民の財産」埼玉新聞、2005年6月8日付。
2) 前掲1)。
3) 文化政策提言ネットワーク編『指定管理者制度で何が変わるのか』水曜社、2004年、3ページ。
4) 三野靖著『指定管理者制度　自治体施設を条例で変える』公人社、2005年、16ページ。
5) 三野靖（みの　やすし）1964年、香川県生まれ。2001年3月、香川学大学院法学研究科修士課程修了。2003年4月、（財）地方自治体研究所研究員。
6) 前掲4) 14ページ～15ページ。
7) 稲葉馨「「公の施設」の指定管理制度」『現代の図書館』（vol.42 no.4）、

2004年、245ページ。
8) 前掲7)。
9) 前掲7)。
10) 前掲4) 14ページ。
11) 朝日新聞社「どうなる公立図書館」朝日新聞、2005年2月2日付。
12) 朝日新聞「幸せ大国をめざして　公立施設民営化ならうまくいく、は幻想」朝日新聞、2005年6月5日付。
13) 榎本良男「公立認可保育所に指定管理者制度を導入」『自治体法務研究』(2005年夏) ぎょうせい、2005年5月、28ページ～31ページ。
14) 汐見稔幸、近藤幹生、普光院亜紀『保育園民営化を考える』(岩波ブックレット No.651) 岩波書店、2005年、36ページ～71ページ。
15) 埼玉新聞社「指定管理者制度　34種の施設に導入」埼玉新聞、2005年2月10日付。
16) 埼玉県総務部広聴広報課「指定管理者制度の導入に向けて」さいたま彩の国だより (4月号)、2005年4月1日。
17) 前掲16) を基に筆者が作成した。
18) 埼玉新聞社「さいたま市議会指定管理者で特別委」埼玉新聞、2005年6月3日付。
19) 前掲18) を基に筆者が作成した。
20) 議会報編集委員議会編『議会報らんざん』(No.118) 嵐山町議会、2005年5月1日、12ページ～13ページ。
21) 埼玉県社会福祉事業団『10年のあゆみ』1983年3月、11ページ～15ページ。
22) 埼玉県社会福祉事業団『埼玉県社会福祉事業団リーフレット』2005年4月1日、抜粋。
23) 埼玉新聞社「指定管理者制度　民間公募はわずか35施設」埼玉新聞、2005年6月16日付。
24) 前掲23) を基に筆者が作成した。
25) 前掲23)。
26) 埼玉県「指定管理者制度の導入について」埼玉県改革政策局、2005年6月16日。

27）前掲26）を基に筆者が作成した。
28）前掲4）27ページ。
29）前掲4）32ページ。
30）地域協働型マネジメント研究会編著『指定管理者制度ハンドブック』ぎょうせい、2005年、27ページ。
31）埼玉県議会事務局「さいたま県議会だより」(No.101)2005年4月23日付。
32）前掲30）26ページ。
33）前掲4）52ページ。
34）前掲4）54ページ、抜粋。
35）前掲4）40ページ。
36）前掲7）245ページ。
37）荒芝康夫「大阪府障害者事業団・金剛コロニーの施設改革と課題」全国障害者問題研究会『障害者問題研究』(第32巻第1号)、2004年、33ページ。
38）朝日新聞社「介護殺人 何が悲劇を招いたか」朝日新聞、2005年2月16日付。
39）埼玉新聞社「介護施設職員 「入所者に憎しみ3割」」埼玉新聞、2005年3月6日付。
40）日本労働組合総連合会（連合）『れんごう政策資料』(155)、2005年、19ページ。
41）中國新聞社「時想 福祉自由化の落とし穴 現場を脅かす市場原理」中國新聞、2005年4月3日付。
42）前掲41）。
43）株式会社アイデム「しごと情報アイデム」2005年6月。

本稿は、田代国次郎編『草の根福祉』（第37号）、社会福祉研究センター、2005年、161ページ～174ページに掲載された。

新潟県における女工保護組合の展開

はじめに

　カタールのドーハで開催のユネスコ（国連教育科学文化機関）の世界遺産委員会は、2014（平成26）年6月21日、「富岡製糸場と絹産業遺産群」（群馬県）の世界文化遺産登録を決めた。登録されたのは、1872（明治5）年に官営工場として設立された「富岡製糸場」（富岡市）と養蚕施設の「田島弥平旧宅」（伊勢崎市）、「高山社跡」（藤岡市）、「荒船風穴（ふうけつ）」（下仁田市）の計4資産。フランスの技術を導入して養蚕の伝統を刷新し、世界的に共有される養蚕法を作り上げたほか、生糸の大量生産のため一貫した集合体として優れていると評価された[1]。これまで製糸場を守ってきた関係者らは、喜びをあらわしていた。

　かつて、富国強兵、殖産興業のもと、日本の資本主義発展に果たしてきた蚕糸業の役割は大きい。それを支えたのは、若い工女たちであったともいわれる。その中心舞台は、製糸大国と呼ばれた信州（長野県諏訪地方）で、隣県をはじめ他県から多くの労働者があったことは知られる。新潟県も例外ではなく、若く幼い女性の多くが出稼ぎとして働きにでていた。同県では、こうした工女を保護するため、有志が立ち上がって女工保護組合をつくってきた歴史がある。

　本稿では、「新潟県社会福祉史の総合的研究」の一環として、大正期を中心に新潟県における工女の記録を整理しつつ、女工保護組合の展開を整理したいと考える。はじめの一歩としたい。

1　新潟県における工女に関する記事（大正期をまとめて）

　新潟市女性史クラブ編著『光と風、野につむぐ―連譜―新聞にみる新潟女性史年表―』[2]から大正期を中心に工女に関係する記述をひろい整理した。

(1) 1912（大正元）年

　8月22日、前橋に出稼ぎ中の北魚沼郡出身工女（20歳）は、工場監督に強姦されたうえ病気をうつされる。退社の申し出に旅費10円のみ渡された

ため、前橋署に雇主の説諭と賃金の支払いを願い出る。他に4人以上の新潟県出身の工女が同様の被害に遭う。

(2) 1913（大正2）年

1月28日、25日、小千谷警察署は、犯則的行為防止のため、工女募集員34人を招喚して訓戒する。魚沼地方だけで300人以上が入っている。

2月17日、1月中旬、五泉町の吉野館製糸工場で腸チフスが発生し、2月16日までに女工32人と職工6人が罹患した。

5月16日、三島郡来迎寺村の田代製糸工場は、かねてから振動や煤煙、失火で周囲に害を及ぼしている。最近、工女が夜間に民家の軒下で男子と会うなどして不用心であると近所からの苦情があり村総代が県へ取締を請願した。

8月1日、7月15日〜27日、東頸城郡蚕糸同業組合は、製糸講習会をおこなった。28日、17人が証書を受ける。

(3) 1914（大正3）年

2月7日、刈羽、古志、三島、西頸城の各郡から3260人の工女が信州や上州へ出発した。

6月15日、東京モスリン紡績会社の男女職工1000人は、同社第二工場の閉鎖により、解雇となる。246人の新潟県出身工女は路金、賃金とも帳消しで慰労金と手当てのみで帰郷した。

6月21日、19日、中頸城郡板倉村出身の工女（27歳）が産んだ子を窒息死させた事件の論告公判を開く。子の父親は音信不通、実家も貧しく養育できずに手にかけたもの。

7月28日、第一次世界大戦開始。

12月8日、長野県への出稼ぎの工女の中には、賃金未払いのまま帰郷するものが多い。諏訪製糸同盟組合は明年度契約とともに支払うが、糸況不振で例年より一割低下とした。

(4) 1915（大正4）年

1月7日、大正3年末現在、工女募集人数は長野県から68人、群馬県から

18人、埼玉県から8人、愛知県3人と例年より多い。
　2月13日、東京基督教女子青年会が救済する上野駅の家出女性は、新潟県人が一番多い。境遇への不満や生活難、結婚の強制から、女工になろうとして上京するらしい。
　3月3日、2月28日、小千谷町の娘(17歳)は、製糸工女の出稼ぎを許されず、信濃川に身を投げたが救助された。
　4月30日、28日、長岡市出身の工女(24歳)は、名古屋の紡績会社から虐待が原因で逃げ帰り、会社に引き戻されるのを拒んで井戸に投身自殺した。

(5) 1916(大正5)年
　1月30日、29日～2月18日、工女約700人が信越本線で長野、前橋、大宮方面へ向かった。工場間の争奪が激しく、甘言を弄する募集員が多い。
　7月5日、新潟県の調査では、県内の出稼ぎ工女数は、昨年末現在で、1万2000人にのぼり、うち67人が結核など、呼吸器と消化器の病気で帰郷した。
　9月1日、工場法施行。
　10月3日、加茂町の工場法適用工場は、14あるが、工場法逃れのための工女を解雇しようとする所がある。

(6) 1917(大正6)年
　1月7日、中蒲原郡村松町の出稼ぎ工女79人が、福島と郡山の製糸工場から平均80円を持ち帰郷した。地元の工場より高収入のため希望者が30人増え、来月同行する。
　1月16日、製糸業界の好況の中、他府県からの工女募集員は、反物を親への土産にしたり、賃金の3～5割を前渡ししている。
　1月19日、魚沼三郡からは、年に数千人が出稼ぎに行く。地元では昨年秋からマニラ麻絹糸巻撚り繁事業が興り、工女が出稼ぎしないで済むと期待していたが、年末から大暴落して事業は、中断、例年通りとなった。
　2月8日、刈羽郡山手方面は、麻継ぎ内職が盛んになり工女募集が難しい。工場の拡張による増員で多くの募集員が入り込んでおり、柏崎署は不正行為の取り締まりをした。

2月19日、18日〜22日、県内各駅からの出稼ぎ工女の大輸送が始まる。群馬県などへ300人、岡谷をはじめ長野県へ2300人以上が出発する。

8月3日、1日蒲原郡村松町白水館と鳳陽社の製糸女工210人は、工賃と賞罰金値下げに反対して同盟罷工する。2日工賃は値下げ、賞罰金は従前通りとする工場側に譲歩し就業した。

10月19日、12月6日、17日、新潟市工女（17歳）は日給20銭で働いて極貧の生家を支えているが、家屋が倒壊寸前と新聞に載った。読者からの応援の金品が寄せられ、12月5日には県から表彰状と賞金10円を受けとった。

12月24日、22日、23日、27日、28日、帰郷する工女を乗せて、武州、上州、信州地方から長岡駅に臨時列車を運転した。

(7) 1918（大正7）年

1月19日、県外から中蒲原郡村松町に募集人18人が入り込み、工女争奪は熾烈を極める。優秀工女に囮を使って二重契約させたり、親に酒食をふるまったりする。すでに200人が契約した。

1月30日、中蒲原郡村松町では、地元製糸場から一等工女をはじめ多数が県外へ引き抜かれた。

3月7日、6日、五泉町の越後製糸組合員総会で、工女優待法その他を協議した。中蒲原郡村松町ほか、製糸工場社員13人が出席した。

3月18日、高田兵器支廠の職工86人中、工女50人は、大砲や小銃、機関銃などの兵器を磨く仕事をしている。

7月、米騒動。富山県魚津町の漁民の妻たちによる米の津止め騒動は女房一揆ともいわれ、激涛のように全国に広がった。

8月17日、長岡市、新潟市で米騒動が起きる。

9月23日、中蒲原郡村松郷から今年1月以来県外へ出稼ぎしている約380人の工女のうち、肺患で24人帰郷し18人が死亡した。各工場の衛生不完全と過激な労働が原因。

9月30日、柏崎警察署管内の出稼ぎ工女は、大正5年の1590人から、今年は2378人に増加した。操守を乱し、肺病患者が増す弊害はあるが、工賃の総額は10万円の巨額になる。

11月11日、第一次世界大戦終結。

(8) 1919（大正8）年
8月17日、南魚沼郡塩沢町の製糸工女150人は、3割の賃上げを要求した。

9月10日、新潟紡績会社山の下工場は、290人が入る寄宿舎を増設し、大規模経営をおこなった。

11月5日、10月31日と11月1日、刈羽郡田尻村安田の製糸場は、工女の慰安のため、休業し、演芸会や禁酒幻灯会、禁酒講話会を開いた。

11月11日、魚沼三郡と刈羽郡で県外出稼ぎ工女6000人の衛生状態調査をおこなった。眼病が最も多い。

(9) 1920（大正9）年
1月15日、刈羽郡南鯖石村に県内初の女工保護組合を設置した。

3月23日、大正8年に柏崎署管内から他府県に出稼ぎした工女は、2831人、賃金は現金のみで32万8540円に上る。

4月7日、大正8年の県外出稼ぎ工女数は、2万5000人を越し、新潟県は工女の保健状態を調査した。北魚沼郡堀之内村では、350人中、25人は結核などで死亡、4人は未婚のまま妊娠して帰省した。

4月一日、刈羽郡南鯖石、中鯖石、高柳と北条の四か村は、鯖石郷女工保護組合を設置した。

5月30日、不況のため、失業者が続出し、工女の賃金は元の約3割となる。県内の出稼ぎ女工も数ヵ月で家に戻った。

7月14日〜26日、富士瓦斯紡績押上工場女工の争議。

8月5日、北魚沼郡堀之内と田川入の両村で女工の保護と契約事項を守らせることを目的に、北魚沼郡中部女工保護組合会を組織した。

8月23日〜25日、長岡製糸場の女工140人は、賃下げ反対、賞与率に対する不満からストライキをした。

9月8日、新潟県の調査では、大正8年の県外出稼ぎ者は、製糸、紡績、酒造、漁業の順に16業種に及んだ。出稼ぎ者の保護組合の組織化が急がれる。

11月14日、22日、刈羽郡南鯖石村工女組合は、総会を開いた。出稼ぎ先

の視察報告をおこない、待遇や衛生について協議した。

11月30日、29日〜12月3日、出稼ぎ工女の帰省と募集者による争奪戦の季節となり、刈羽郡高柳村では、村内7ヵ所で工女組合組織の懇談をする。

12月13日、14日、刈羽郡中鯖石工女組合は、創立総会を開く。

(10) 1921（大正10）年

3月1日、中頸城郡は、冬期余剰労力を出稼ぎ工女として、有効利用するため、女工保護組合の設置を奨励した。

4月22日、20日、大倉製糸新発田工場の工女慰安会に650余人が参加した。工場から聖籠村を経て紫雲寺の会場まで、仮装し楽隊付で山車を引いた。

7月25日、紡績事業や機業の発展で女工が増え、商家や俸給生活者は女中が払底する。

11月20日、9月末から高田警察署管内で800人以上の工女募集員が、激烈な工女争奪戦をしている。

12月一日、この年不況深刻化。新潟県内のデモクラシー運動が高揚する。

(11) 1922（大正11）年

1月13日、新潟県で養成する工女、製糸教婦の争奪が激しくなり、県製糸同業組合は、工場主に自粛を呼びかけた。大正10年中に10ヵ所の講習所で受講した工女は、686人、教婦は17人。

2月7日、刈羽郡に210余社1000余人の工女募集員が入り乱れての争奪戦が終わる。3000人の工女が今月初旬から20日までの間に、長野県岡谷の製糸場などへ出稼ぎに出発する。

3月3日、全国水平社結成。

4月19日、16日、中蒲原郡両川村嘉瀬愛農会は、日雇労賃を決めた。田植えは女80銭、男1円。田草取りは、女50銭、男65銭。秋仕事は、女60銭も男80銭。

5月6日、4月末の調査で、新潟市の労賃は、紡績工女87銭、機械工女85銭などであり、紡績は3月より安くなっている。

6月16日、大正10年の県外出稼ぎ女子は、2万6830人。そのうち工女は

1万7149人。

6月29日、看護婦同盟結成。

11月22日、18日、北魚沼郡内の女工保護組合は、連合役員会で組織を1つに統合することを決めた。帰郷工女の健康診断や工場視察などをおこなう。

(12) 1923（大正12）年

1月12日、11日、北魚沼郡女工保護組合は、小千谷成就病院で、総会と女工病死者20人の追悼会を開いた。700余人参加した。

3月15日、大正11年末現在の出稼ぎ女工は、2万3183人で、前年に比べ3割5分増加した。製糸が1万8854人で、紡績3959人。出稼ぎ先で人数が多いのは、長野、群馬、埼玉、愛知、福島の各県の順。

3月20日、大正11年末新潟県の調査によると、県内工女の就業時間は、10〜11時間。1日の労賃は、製糸業が1円36銭2厘、染色業の55銭、紡績業68銭である。工場法非適用工場はさらに労働時間が長く、労賃も安い。

9月1日、関東大震災。死者9万1344人、全壊焼失46万4909戸。

9月20日、8月、新潟市に明治44年創設の新潟看護婦養成所は、柏崎町に看護婦派遣部を新設し、看護婦生を募集した。

10月20日、19日、新発田衛戍病院（旧陸軍病院）は、初の看護婦2名を採用した。

12月7日、6日、西頸城郡女工保護組合は、創立総会を開いた。組合員800〜1000人。

12月22日、19日から刈羽郡各地に出稼ぎ工女の帰郷がはじまる。29日まで2111人が1人平均150円、総額30余万円の労賃を持ち帰った。

(13) 1924（大正13）年

1月14日、刈羽郡では毎年出稼ぎ工女の猛烈な争奪戦があるが、今年は不作と米価安の打撃のためか、応募者が多い。

1月16日、新潟県の調査では、県内から北海道への出稼ぎ者は、女34人で男505人となる。

1月21日、19日、中頸城郡女工保護組合の設立が決まった。郡内出稼ぎ

工女は、2289人で、長野県が一番多く941人である。

1月30日、2月3日、4日、西頸城郡女工保護組合は、総会と慰安観劇会を開いた。工女や父兄、役場、工場関係者ら約2300人を招待した。

9月16日、頸城三郡、魚沼三郡、三島、古志、刈羽の9郡は、上中越連合の工女保護組合を結成する。組合のある都市では、募集人への鑑札を出さないよう県に求める。県は来年度、予算を計上し組合を設立する方針。

11月15日、15日から半月間、西頸城郡と魚沼三郡で女工保護組合は、講演、講話をおこない会の趣旨の普及を図る。県も23日から1週間、各地で同じ趣旨の講演をおこなう。工女の人権、風紀衛生、経済に無頓着な契約が後を絶たない。社会、経済、人道上の理由で出稼ぎ工女の保護が急がれる。

12月6日、町村ごとに女工保護組合を組織し、募集員を排除する県の計画が発表されると、一層激烈な工女争奪戦が始まる。11日、西頸城郡では、県や組合世話人60余人と各町村が組合の活動につき協議した。

12月27日、7～19日、北魚沼郡内女工保護組合は、出稼ぎ工女の親に対して、自覚を促す講演や映写会を開催する。大正10年に女工保護組合結成後も、募集員の甘言に乗せられて契約してしまう例が後を絶たない。

(14) 1925（大正14）年

1月13日、新潟市沼垂にある第三保育園は、保母3人で朝6時から子どもを預かる。入園児童100人のうち、ひとり親が25人いるが、その職業は行商や日雇いが多い。

1月15日、10日、三島郡片貝村は、工女慰安会を開いた。17日には県内はじめての村単位の女工保護組合として創立総会を開く。

1月25日、4日から40日間、北魚沼郡堀之内町で郡と小学校が協力し、帰郷中の工女を対象に特別教養に関する講習会をおこなう。20人受講。

2月1日、18日、21日、名古屋紡績新潟工場は、1年間休業の後操業を再開し、工女募集をはじめる。工場には20畳敷きの大部屋が16ずつある女工の寄宿舎が4棟と病院や売店もある。1日の労働時間は12時間、平均収入は1円20～30銭で2割の工女に前借金がある。

4月22日、県内の出稼ぎ工女は、約1割2分が肺病を患っている。県は工女

の救済のため近く保護嘱託員20人を決め、保護施設をつくることを検討する。

4月30日、5月2日、西頸城郡全郡を統一する女工保護組合の設立大会を糸魚川で開く。

6月28日、24日、東頸城郡は近く県が発表する規約により、全郡統一の女工保護組合を組織することを決めた。

8月15日、14日、県外出稼ぎ工女の保護嘱託員が各郡市で決まった。

8月26日、24日、女工保護嘱託員の第1回会合が県庁で開催された。

8月30日、28日、女工保護組合郡市主務者会議を県庁で開く。

11月2日、工女の現状は悲惨だが、信州の製糸場では女工保護組合の視察を工場側が妨害する動きがある。

この年、県外への出稼ぎ工女数が全国一になる[3]。

2 工女の出身地

諏訪の工女出身地[4][5]を表1に示す。諏訪の製糸工場で働いた工女の出身地をみると、長野県をはじめ隣県の山梨県を筆頭に多くの地方から出稼ぎにきていたことがわかる。1890年代半ばは、山梨、岐阜、富山の三県で占められていたが、1910年代になると製糸業が急速に発展したため、東北地方からの募集もあった。1920年代では、新潟県からの募集が増加した。さらに、沖縄、朝鮮なども注目される[6]。

「新潟県魚沼地方ハ、冬期積雪多ク、約半年ハ雪中ナリ」(「堀之内町女工保護組合」資料)といわれるほどの多雪地帯である。山間僻地の土地であって、これといった副業もないため、婦女子の出稼ぎの非常に多いところであった。ことに第一次世界大戦勃発を契機に近代的大産業が一大飛躍をとげたことにより、当地方の家内工業は、急激に衰退した。そのため、1918（大正7）年頃から出稼ぎ工女が急増し、北魚沼郡堀之内村では、350人ほどの工女を送り出すほどであった[7]。

関連して、新潟県の養蚕では、明治初年以降、生産量をあげていったが、長野、群馬などには遠く及ばなかった。生糸の輸出は、第一次世界大戦がはじまると、急激に伸びた。アメリカの生糸輸入量の7割から8割は、日本からの輸入で占められ、日本の生糸はアメリカ市場を独占する勢いを示した。

表1 諏訪 工女出身地（人）

出身地	1903(明治36)年	1912(大正元)年	1921(大正10)年
諏訪	521	2,198	1,692
諏訪以外	2,168	15,667	13,283
長野県計	2,689	17,865	14,975
山梨県	670	5,325	6,164
岐阜県	562	2,755	2,541
富山県	195	1,202	2,565
新潟県	0	1,712	6,051
愛知県	2	78	201
埼玉県	6	179	470
群馬県	1	532	1,969
茨城県	0	215	486
栃木県	0	102	388
宮城県	0	446	710
福島県	0	229	923
岩手県	0	862	1,131
山形県	0	209	337
静岡県	0	53	648
滋賀県	0	19	152
北海道	0	7	33
沖縄県	0	0	21
朝鮮	0	1	121
その他	0	204	8,807
長野県外計	1,436	14,121	33,718
総計	4,125	31,986	48,693
県外比率(％)	34.8	44.1	69.2

このような時流にのり、新潟県の養蚕も山間地魚沼地方を中心に急速に発展した。「新潟新報」大正6年7月19日付の記事で「魚沼三郡は別天地—養蚕の発達に驚いたと—馬渡内務部長の談」として報じられている。「・・・魚沼三郡の地を旅行し、第一に感じることは、其の養蚕の発達を遂げてゐる事である。通る村々家々、行く処として、養蚕をせない処は殆ど無いと言う有様で、従って之に対する設備有余るものあり、大いに意を強ふるに足った。此上実に一段の発奮を見たらば、他の先輩諸県を凌駕すること必しも難しくあるまい、郡当局の談によれば、中魚沼における飼育数歩合は全戸数6割以上に当たり、南魚沼においては、8割に当たってゐるとのことである・・・」。

まゆ生産のための桑畑が拡大され、田の畑を減少されていった。養蚕はなくてはならない現金収入源として多くの中層農家でおこなわれていたが、小作人たちは、養蚕農家の労働力になるか、貧農の娘たちの多くは、県外の製糸工場や織物工場へ働きに出ていった[8]。

3 工女の労働と健康について

　大正初頭の工場労働者の数は、官営工場あわせて100万人くらいであったが、その5割5分が女子労働者であり、しかも20歳未満の女子がそのうち6割を占めていた。繊維工業の女子労働者のほとんどが生糸、織物、紡績で占められ、それぞれ、19万、13万、8万であった。そしてこれら3者の平均7割くらいが、いわゆる寄宿女工であった[9]。こうした若く幼い女工たちは、徹夜業を含めた過長労働に苦しめられていた。その上、粗末な食事による栄養の不足、職場の不良な環境、非衛生的な寄宿舎など、健康障害、ことに結核を蔓延される原因となった。

　暉峻義等(てるおかぎとう)[10]は、「医学の歴史は、国民の健康とその生活に関する研究の歴史である。それ故に吾々は国民的疾病としての結核についての研究を回顧することによって、国民生活についての史的考察が可能である。産業と結核との関連の歴史は、国民の生活史の一部、否、ある意味に於てその主要部分をなすものと云っても敢えて過言ではない。産業と結核との関連、従ってこれに関する研究の発展は、正しくわが日本の産業の発展に対応してゐる。」とのべている[11]。

　工場法が制定されるにあたって、その必要性を示す基盤となったいくつかの資料、『職工事情』など他に、石原修の「女工ノ衛生学的観察」のような論文は、工場法制定の世論づくりに大いに役立ったことは知られている[12]。石原は1913（大正2）年11月の国家医学会雑誌322号に「女工ノ衛生学的観察」を発表し、さらに同じ号に10月の例会での講演「女工と結核」の筆記を収録している。石原は、女工と結核の講演のなかで、工場内での死亡は、1000人当たり約8人である。そして疾病によって帰郷し死亡したものをみると紡績は、1000人中51.1人、生糸が14.5人、織物19.4人、その他9.8人という数字をあげた。病気で帰郷した者の死亡率は極めて大きいのである[13]。

　工場で結核に罹患した者が帰郷して、家族、農民に、あるいは都市にいった者が地域住民に結核を蔓延させる。結果として、戦前日本の国民病につながったというのである。

4　新潟県における女工保護組合の設立

　昭和になって、工女の部隊を岡谷に送りこんでいる新潟県那珂魚沼郡女工保護組合は、岡谷製糸資本同盟ともいうべき「諏訪製糸研究会」（会長片倉兼太郎）声明文をたたきつけた。

　中魚沼郡女工保護組合より各関係工場主及従業女工に対する希望

　如何に世の中が開けましても人間は飽くまで人間であります。お互いが人間であります以上は、使う主も使われる者も共に人間としての人格を尊んで人たる道を守らなければなりません。然るに往々使う人と使われる者との間に其労力を物品化して取引をせんとする傾向が見えるのは誠に嘆かわしいことであります。働かないうちから自分の貰わんとする賃銭の価格を定めて労力を切り売りせんとする者があるかと思えば、他方ではその人の働きの効果をも認めない中から成る丈安く人間を使って利得を多くせんとする雇主もあるかのように聞きます。これは双方共に大変な間違った考えでありますまいか。世の中は飽くまで共存共栄で行かなければならないのであります。共存共栄の実を挙ぐるのには双方が其立場を理解しあって忍ばなければなりません。工場主側も職工に対して労銀を与えて単に労力を買取るといったような冷たい考えを以って向って頂いてはなりません。飽くまで職工の人格を認め之に同情し其の立場を理解して充分に大切に職工方を待遇して頂かなければなりません。待遇の如何によっては、不平もでます。職工方に不平を懐かしむるようなことがあっては、会社側の不利益になることは申すまでもありません。万一主従の間に彼れ是れ意見が出てまいりますと、其隙を狙うものも出てきます。（略）お互いに自分をツネッテ人の痛さを知らなければなりません。ここに真に人間としての尊いところが現れてくるものであります。勤むべきを勤めないで、賃金の多くを得たって幸福になるべき筈もなく、すべきだけの事をしてやらないで会社の将来が発展致しましょうぞ。私共はある他山の失敗を省みて双方のおためを思い工場側には出来得る丈け物質上にも精神上にも待遇の改善を希望するし、又職工方には出来得る丈将来立派な人として世に立たんがために益々心の修養をはかり、身体の健全を期しつつ自己活動の能率増進の実行をお勧めするのであります。我が中魚沼の山河は唯今昔乍らの紅葉の錦を飾って居ります。この錦に敗けないで共に尽し合っていただきたいのであります。

昭和2年11月　新潟県中魚沼郡女工保護組合長　武田　武門
　　新潟県中魚沼郡労働者募集従事者組合長　河野　文乗
　各工場主御中
　女工各位[14]

　1917（大正6）年頃から出稼ぎ工女が急増した北魚沼郡堀之内村では、年々募集競争が激しくなるとともに、村の娘のあいだに私生児と結核という2つの問題がこの村をおそった。当時、田川入村（同郡堀之内）役場の書記をしていた森山政吉（当時27歳）は、結核と風紀紊乱をなんとか一掃しないことには村は荒廃してしまうと憂慮した。そこで隣の堀之内役場と相談し女工保護機関をつくろうと奔走した。最初、新潟県庁に相談にいったが通じなく、勧業課の副業係でもらちがあかない。副業係は、刈羽郡南鯖石村に女工保護組合ができているからそこへいくとよいというばかりであった。中鯖石村（柏崎市）役場の高野助役によると、南鯖石村では、工場視察をしたところ、女工たちがあまりひどい状態におかれているのにおどろいて、1919（大正8）年に女工供給組合つくったばかりだった。同年8月、森山たちは、田川入・堀之内の両村を一円とする北魚沼郡中部女工保護組合を設置した。1926（大正15）年4月に両村が合併し、同年11月に町制が施行された結果、堀之内町女工組合と改称して活動した。組合長には、森山汎愛（ひろちか）がなり、森山政吉は、常任幹事となった。民間の有志が自主的に下かつくった典型的な組合であった。設立の目的は、女工の風紀と健康の保全を図ること。主活動は①帰郷中の女工に裁縫その他必要な科目を選んで講習をおこなう「特別教養」、②「健康診断」、③「慰安会」、④「慰問」、⑤女工の疾病・死亡に対し見舞金または弔慰金を贈る「弔意」、⑥女工各種の状態を調査する「各種調査」、⑦「視察」などであった[15]。森山によると、「昔はひどいものでした。戸籍を見るたびに、16歳から22、23歳の娘がつぎつぎと死んでゆくことがかわる。各工場の寄宿舎もみてまわったが、娘たちはみんなせんべい布団にくるまって寝ているんです。これでは結核になるのはあたりまえだとおもった。それに工場は風紀が悪い。村内には私生児もふえてきた。結核と私生児、このまま放っておいていたら村の将来はどうなるか。そうおもうと矢も楯も

たまらなくなって、女工保護組合の結成に乗り出したのです」[16] という。

やがて、県財政も動いた結果、1926（大正 15）年、新潟県には 76 の女工共済組合が出現した。地元人の善意から生まれた女工保護組合は、弱い立場の工女やその父兄にかわって、労働者としての権利を守るために、さまざまな功績をのこした。

まとめと今後の調査研究に向けて

新潟県における女工保護組合の展開について、大正期を中心に整理した。同県では、特に大正期から県外への出稼ぎ工女が急増していた。養蚕業は特に山間の地魚沼地方を中心に発展していったが、貧しい農家では、娘たちを県外の製糸工場や織物工場などへ働きに行かせざるを得ない状況であった。若く幼い工女たちは、過酷な労働と粗末な食事、非衛生的な寄宿舎生活などにより、健康障害、結核に罹患し、蔓延させることにつながった。新潟県は、地域によっては、弱い立場の工女を保護するために女工保護組合がつくられていった。まず、1920（大正 9）年 4 月に刈羽郡南鯖石村を中心に発足し、以後北魚沼、中魚沼、西頚城等の各郡につくられ、展開していった。今回は、はじめの一歩であり、今後の研究は、女工保護組合の具体的な活動内容や実態、関わった人物像などを中心に調査したいと考える。

製糸場で働いた女性たちの姿をまとめたものといえば、山本茂実著『あゝ野麦峠』[17]、細井和喜蔵著『女工哀史』[18]、や横山源之助著『日本の下層社会』[19]、犬丸義一校訂『職工事情』[20]、など、その他多くの文献をあげられ、しかも近年再び注目されつつある。

その他、労働科学の分野では、1920（大正 9）年に、倉敷紡績株式会社万寿工場の女子宿舎の研究がはじめられた。大原孫三郎の依頼により、暉峻義等、石川知福、桐原葆見らが研究にあたった[21]。こうした文献や資料なども参考に新潟県地域の歴史をほりおこしていきたいとおもう。

【注】

1) 朝日新聞「晴れて世界遺産富岡製糸場」朝日新聞社、2014 年 6 月 22 日付。
2) 新潟女性クラブは、1973 年に公民館主催の女性史講座受講者でグループ

を結成した。新潟女性史を掘り起こして、女性の生き方を問い続けている。新潟女性史クラブ編著『光と風、野につむぐ―連譜　新聞にもみる新潟女性史年表』2001年。

3）前掲2）、128ページ〜195ページの内容ひろいを整理した。

4）岡谷市編発『岡谷市史』中巻、1976年、577ページ。

5）玉川寛治著『製糸工女と富国強兵の時代―生糸をささえた日本資本主義―』新日本出版社、121ページ。4）5）をもとに作成した。

6）前掲5）121ページ。

7）中村政則著『日本の歴史』（第29巻　労働と農民）、小学館、1976年、217ページ〜218ページ。

8）新潟県『新潟県百年のあゆみ』1971年、367ページ〜369ページ。

9）今井清一著『日本の歴史23』（大正デモクラシー）、中央公論社、1966年、96ページ。

10）暉峻義等（てるおか　ぎとう）1889（明治22）年9月3日兵庫県生まれ。1917（大正6）年12月東京帝国大学医学部卒。大原社会問題研究所入所。後、労働科学研究所長、1966（昭和41）年12月7日、逝去（享年77歳）。暉峻義等博士追憶出版刊行会編発『暉峻義等博士と労働科学』1967年。

11）三浦豊彦著『労働と健康の歴史』（第二巻）、労働科学研究所出版部、1992年、264ページ。

12）前掲11）291ページ。

13）前掲11）298〜299ページ。

14）山本茂実著『続あゝ野麦峠』角川書店、1982年、304ページ〜306ページ。

15）前掲7）218ページ〜221ページ。

16）前掲7）172ページ。

17）山本茂実著『あゝ野麦峠』角川書店、1979年、第7版。

18）細井和喜蔵著『女工哀史』岩波書店、1991年、第47刷。

19）横山源之助著『日本の下層社会』岩波書店、2004年、第51刷。

20）犬丸義一校訂『職工事情』（上）（中）（下）、岩波書店、1998年。

21）三浦豊彦著『労働と健康の歴史』（第三巻）、労働科学研究所出版部、1993年、56ページ〜71ページ。

第3章

田代国次郎先生と
社会福祉研究センター

1　社会福祉研究センター訪問記 ……………………………………… 190
2　遥か労研饅頭を求めて ……………………………………………… 196
3　岡山からヒロシマへ ………………………………………………… 206
4　唯木君を偲んで ……………………………………………………… 213
5　田代国次郎先生と出会うことができて …………………………… 217

社会福祉研究センター訪問記

1　田代国次郎先生との出会い

　立正大学では、2004（平成16）年度から心理学研究科を新に設置したことにより、大学院は、7研究科15専攻に拡大された。そのひとつ、社会福祉学研究科は、2000（平成12）年4月、社会福祉学部の完成と同時に設置された大学院である。筆者は、大学院社会人入学制度に基づき、2001（平成13）年4月、同大学院社会福祉学研究科へ入学した。この年の同期生（第2期生）は、9名（男性3名、女性6名）で、田代国次郎先生（立正大学大学院教授）は、社会福祉論研究、演習（社会福祉学研究科委員長）を担当されていた。社会福祉論研究を履修し、研究指導をお願いしたことが、田代先生と筆者との出会いであったと思う。以後、大学院修士課程を修了してからも、大学院科目等履修生、大学院研究生となり、2005（平成17）年度においても2年目の大学院研究生として、ご指導を賜っている。ちなみに、社会福祉学研究科の研究生制度は、2004（平成16）年度から開始されたものであり、筆者らは、その第1期生にあたる。そうしたことから、田代先生がつくった社会福祉研究センターを見に行くことができたのである。その内容は、「社会福祉研究センター訪問レポート」として、個人でまとめておいたものを田代先生祝賀会記念誌の発行に際して再編集し、ここに記しておこうと考えた。

写真－1　立正大学熊谷キャンパス正門
2004年（平成16）年10月7日　筆者撮影

2　社会福祉研究センター訪問

　岡山県倉敷といえば、古い家並みと白壁、掘割の美しい景色が思い浮かぶ。

ここは、「美観地区」と呼ばれ、わが国でも有数の観光スポットである。大原美術館をはじめ、伝統的な町並みと風景が保存されている。倉敷の歴史を語る時、大原孫三郎の名を抜きにしては考えられない。大原孫三郎は、倉敷紡績、倉敷絹織などの実業家であるとともに大原美術館、倉敷中央病院、大原社会問題研究所、倉敷労働科学研究所などの創設者である。そして、岡山孤児院の創設者石井十次を物心両面にわたり支援した人物でもある。

　この倉敷市藤戸天城に社会福祉研究センターがある。同センターは、田代先生が創設したもので、40年以上にわたり、草の根から社会福祉研究や福祉活動を展開している。筆者は、2003（平成15）年8月9日、同センターを訪問することができた。その前日、倉敷駅隣接のホテルに1泊し、翌朝、目的地に向かった。この年の梅雨明けは、例年になく遅く8月に入ってからであった。やっと梅雨が明けたと思ったところ、折しも8日は、台風10号が四国、近畿地方の一部を暴風域に巻き込みながら北上し、高知県室戸付近に上陸した。岡山県においても崖崩れや増水など多くの被害が及んだ。翌9日、台風は遠ざかり、雲の広がりが見えるが、次第に晴れ間が出始めた。「天城」という文字をたよりに、倉敷駅前乗り場から、赤いラインの下津井電鉄バスに乗り込んだ。バスは美観地区を避けるように、何度も右左折し市街地をはずれて進んだ。倉敷川の土手や田圃の緑が目に入る。乗車後約30分「天城上之町」バス停で下車した。とりあえず見当をつけて歩き始めた。歩行者にとって天城は広い。出会う人に道を尋ね、表札を見ながらウロウロ徘徊した。雑貨屋の前を通ると中から声をかけられた。店の婦人に道を尋ねると、わざわざ地図を取り出して見てくれた。社会福祉研究センターは、ここから徒歩1〜2分のところであるという。あと少し。汗で下着が濡れてくっついていた。雑貨屋の小高い道を登ると小さな沼が見えた。その道を左折すると住宅地となる。表札を見ながらゆっくり歩き、出会った人に道を聞いた。ご婦人に声をかけると、「ここは家（うち）です。中にいますから」という返事。やっと着いた。バスを下車してから約1時間、埼玉県から2日がかりでやっと目的地に到着した。書斎で仕事中の田代先生が玄関で迎えてくれた。いつもの先生であるが、少しお疲れ気味の様子。田代先生は、「台風で来られないかと思っていた。ここはちょっとわかりずらいよ」と。初めての訪問者の

場合は、電話を受けてから、その場で待っていてもらい、先生自ら、そこまで迎えにいくのがいつものことらしい。

社会福祉研究センターは、1961（昭和36）年4月に創設され、2001（平成13）年には創立40周年を迎えた。地域で生活する市民の1人として、市民と共に草の根から福祉づくりをする福祉運動として始められた。当初は、「社会福祉を勉強する会」と称していたが、1972（昭和47）年に現名称に改称された。場所は、田代先生の転任にともない移転しつつ、現在は岡山県倉敷市藤戸天城に所在する。組織内容は、福祉相談室、福祉図書室、福祉調査部、福祉出版部などで、なかでも福祉図書室は、福祉関係文献約2万点（一部、田代文庫として独立）が保存され、地域の住民に開放されている。福祉出版部は、著書及び『草の根福祉』（定期刊行物）を出版している。

写真-2　社会福祉研究センター福祉図書室
2003年（平成15）年8月9日　筆者撮影

社会福祉研究センターの事務所（兼、書斎）と別途2階の福祉図書室を見学させていただいた。今では手に入り難い貴重な福祉関係の文献が、きれいに保存されている。約40年以上にわたり収集された福祉関係データ（新聞キリヌキ）は、書棚の上段に保管されていた。これを直線に並べると数メートルになろうかという具合である。先日、地元の新聞記者が取材に来られて、半日以上ここで作業していたとのこと。福祉図書室の入口には、小デスクが設置され、そこでメモや簡単な取材作業ができるようになっていた。ベランダから曇り空の外の景色を眺めると、前方に「天城高校」が、左前方には、遠く「茶屋町」の町並みがぼんやり見えた。

田代先生から「せっかく来たのだから、いろいろ見ていきなさい」と、倉敷の加計美術館で開催されている「石井十次展」や朝日訴訟「人間裁判」の石碑を見るようにとすすめていただいた。見学したいところは多いのだが、

なにぶん時間の都合で難しい。一旦、倉敷市街へ戻り、美観地区は、見ておくことにした。

社会福祉福祉センターからバス停までの帰り、田代先生に道案内をしていただいた。住宅街の小高い丘から細い坂道を話しながら歩いた。爽やかな海風が顔にあたるとやがて、幹線道路にぶつかった。郵便局横の下津井電鉄「笹無山」バス停で、倉敷駅行のバスを待つ（来た時は、先のバス停で下車した。）ことにした。バス停の前には、水島信用金庫とその隣には黄色と緑色の建物のチョッパーズ（スーパーマーケット）があった。水島信用金庫の閉められたシャッターには、「ここは藤戸、源平合戦ゆかりの地」と記してある。道路の反対、倉敷川の向こう側には、団地が建ち並び、その合間に赤い屋根の特別養護老人ホームが見えていた。

3　夏の倉敷探訪

下津井電鉄バスで一旦、倉敷駅へ戻った。美観地区は、南口駅から徒歩約10分のところである。駅から倉敷中央通りを歩き、美観地区入口を左折した。倉敷川と柳、古い家並みに入る。やがて、古い洋風建物の大原美術館の前を通ると「棟方志功」の看板が目立っていた。倉敷館に立ち寄り情報を入手し、中橋を渡り、倉敷考古学館を見学した。ここから川の反対側を歩き、備

写真－3　加計美術館　石井十次展
2003年（平成15）年8月9日　筆者撮影

中そば「やぶ」で昼食をとった。時間がないのでここらで、Uターン。加計美術館と大原美術館を見学することにした。加計美術館では、山陽新聞社と石井記念友愛会、加計学園、高梁学園の共催で、「愛と炎の人」と称して、石井十次展を開催していた。石井十次は、明治・大正時代に1,200人の孤児を収容し、キリスト教精神を軸に孤児救済と教育に心血を注いだ「岡山孤児

院」の創設者である。2004（平成16）年は、石井没後90年にあたる。この展示は、石井十次の足跡を見つめ直し、彼を取り巻く群像の魂と石井イズムを再び現代社会に蘇らせ、啓蒙し、発信するために企画された。「岡山孤児院物語 — 石井十次の生涯 — 」は、現代ぷろだくしょんによって、映画化される。監督は、山田火砂子、原作は、横田賢一である。横田氏は、山陽新聞社編集局解説委員で、『岡山孤児院物語 — 石井十次の足跡』（山陽新聞社）の著者である。加計美術館では、石井十次と岡山孤児院にかかわる品々や絵画、パネル写真などが一般公開されていた。見学後、石井イズムに刺激された。

　倉敷へ来たら大原美術館は見ておこうと思っていた。大原美術館は、大原孫三郎が画家の児島虎次郎を記念して1930（昭和5）年に設立した日本最初の西洋美術中心の美術館である。2000（平成12）年には創立70周年を迎えた。大原孫三郎が児島虎次郎に命じて収集させた一流の作品の数々は目にあまるものがある。また、大原美術館では、さまざまなミュージアムグッズや書籍などが販売されている。ここで、井上太郎著『大原總一郎』（中公文庫）とモネ「睡蓮」の絵はがきを購入した。早々、倉敷駅から岡山駅へ。名物「ままかりずし」（瀬戸内海近海でとれる魚で、昔人があまりにも美味しいため、隣家のまま（御飯）まで借りて食べる。つまり、ままをかりるほど美味しい魚と言われる。）をリュックに入れて、一路、東京、埼玉へ向かった。

あとがき

　現代ぷろだくしょんによる「岡山孤児院 — 石井十次の生涯 — 」の映画は、「石井のおとうさんありがとう」と題して、各地で上映された。主演の石井十次は松平健、大原孫三郎役は、辰巳琢郎が演じ、その他にも有名な俳優が出演している。筆者は、2004（平成16）年11月27日、埼玉県行田市教育文化センターでの上映を観賞した。

　ところで、岡山県倉敷市へ行く前に、一読しておくとよい文献を紹介しておきたい。それは、城山三郎著『わしの眼は十年先が見える — 大原孫三郎の生涯 — 』飛鳥新社、1994（平成6）年、または、新潮文庫、1997（平成9）年発行である。これは、田代先生が推薦する1冊でもある。

また、岡山へ行って、社会福祉研究センターを訪問し、石井イズムと倉敷の文化を感じたいと思っている。今度は、もっとじっくりと各方面を見学し、労働科学研究所が造り出した「労研饅頭」（労研マンジュウ、ろうまん、などとも言われる。）というものを味わってみたいものである。
　　　　　　　2005（平成17）年5月22日　埼玉県東松山市の自宅にて

　本稿は、田代国次郎先生古希記念論文集編集会編『野に咲く花のように ― 田代国次郎先生古希記念論文集 ―』、2005年、163ページ～166ページに掲載された。

遥か労研饅頭を求めて

1 社会福祉研究センター訪問と古本めぐり

　2005（平成17）年8月20日（土）〜22日（月）、筆者は岡山県倉敷を訪ねて、田代国次郎先生（社会福祉研究センター代表、元：立正大学大学院教授）がつくった社会福祉研究センターを訪問した。同センター訪問は、これで2回目である（前回は、2003年8月9日）。第1回目の内容は、「社会福祉研究センター訪問記」として、『野に咲く花のように — 田代国次郎先生古稀記念論文集』[1]に掲載していただいた。その文末に、「今度は、もっとじっくりと各方面を見学し、労働科学研究所が造り出した労研饅頭というものを味わってみたい」と記しておいた。本稿は、それに続く社会福祉研究センター訪問の記録である。

　ところで、古本の街といえば、神田書店街、神田の古本屋などという呼び名で知られる神保町周辺には約140軒の古本屋が集中しており、世界にも例のない古本店街である[2]。

　しかし、地方の古本店においても、品揃えと内容が充実している店舗には驚かされる。以前から岡山、倉敷には大きな古本屋があると田代先生から聞いており、今度倉敷へ行ったらそこへ行ってみようと考えていた。岡山市を中心とする郊外型大型書店の万歩書店[3]もそのひとつである。

　倉敷到着初日（8月20日）の夜、万歩書店倉敷店へ行ってみた。倉敷駅2番のり場から、小溝経由バスで、バス停「沖」で下車した（四十瀬、国道429号線沿い）一見普通に見える書店に対して、期待感はそれほどなかった。しかし、店内に入って驚いた。入り口は小さいが、中は広い。一般書籍から専門書、全集、文庫、新書などが幅広くそろっている。例えると、神田神保町の古本屋数店舗をまとめて、1ヵ所に集中させたようである。急いで店内を徘徊し、めぼしい文献を数冊購入した。結局、最終バスで倉敷駅に着いた。

　2日目（8月21日）翌朝の倉敷は、曇り空。駅南口から街を望むと、歩道橋の看板に「白壁の街は、瀬戸大橋のある街　ようこそ倉敷へ」とある。看板の下、6番乗り場から下電バス児島駅下車バス行きに乗車した。目的地は、社会福祉研究センター、下車するバス停は「笹無山」である。過去に1

第3章　田代国次郎先生と社会福祉研究センター

度、訪れているので、行き方は分かっていた。バスは、見覚えのある緑色の屋根と黄色い建物のチョッパーズ（スーパーマーケット）と水島信用金庫の前で止まった。近くには倉敷川が流れている。先陣橋を渡り、川の向こう側へ行ってみた。この先に、社会福祉法人浮州園とデイサービスセンター長寿がある。天城郵便局前の細い道を入り、目的地を目指す。少し散歩しながらも予定どおり、社会福祉研究センターへ到着した。格子戸のある玄関で、田代先生が迎えてくれた。同センターの蔵書は、以前より確実に増えていた。書庫の前に書庫が置かれて、行き場のない本は床にきれいに並べられていた。別途2階の福祉図書室も見学させていただいた。ここも本でいっぱいであった。規模拡大のため、増築が予定されているらしい。田代先生と研究のことや本のことなどを話していると、あっという間に時間が過ぎた。万歩書店のことを報告すると、先生自ら本店（岡山市久米）を案内していただけることになった。ここから再び古本めぐりが始まった。

　下電バス笹無山バス停、倉敷駅行きの通過予定時刻表を図-1に示しておこう。

下電バス　笹無山　平成17年4月1日					
停留所通過予定時刻					
行先	倉敷駅前				
経由	岡山短期大学・倉敷中央病院				
6	59				
7	△12	27	△38	42	57
8	14	29	59		
9	△14	27	49		
10	9	34	59		
11	29	49			
12	9	34	49		
13	9	34	59		
14	29	49			
15	9	29	44		
16	19	29	49		
17	9	29	44		
18	4	14	34	59	
19	25	34			
20	4	36			
21					
△…日曜・祝日運休					
＊ご利用バスが近づきましたら手を挙げてお知らせください。					
＊釣銭の要らないよう小銭をご用意ください。					
＊天候や道路状況などにより、多少遅れる場合があります。予め御了承ください。					

図-1　下電バス笹無山　倉敷駅行[4]

小雨降る中を田代先生と一緒に万歩書店本店を目指し、社会福祉研究センターを出発した。バス停「笹無山」11：29、倉敷駅行きに乗車。倉敷駅から庭瀬駅まで切符を買った。倉敷駅の北口はチボリ公園、南口は美観地区へつながる。この駅の改札は、女性が対応していて明るいイメージであった。庭瀬駅からはタクシーを利用し、約10分で目的地に到着した。万歩書店本店は、旧国道2号線沿いにあり、近くには笹ヶ瀬川が流れている。外観は倉敷店と同様で、入り口は小さいが、中はけっこう広い。文献の種類と量も豊富である。気になる本が次から次へと目に付いた。「読みたい本たくさんあるね。ここにいるといっぱいお金を使ってしまうよ」と田代先生。それぞれ、購入すべき本をみつけては、1ヵ所にまとめて積んでいった。熱心にそんなことをしているので、昼食は、14：30を過ぎていた。書店から再びタクシーで庭瀬駅へ行き、倉敷行きの電車を待った。庭瀬駅のホームは、ほぼ直線である。そこへ、クリーム色でブルーラインの電車が電気を付けて、真っ直ぐ入ってきた。

2　美観地区を見て歩く

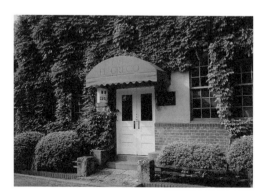

写真－1　カフェ　エル・グリコ
2005（平成17）年8月22日　筆者撮影

　倉敷へ戻り、駅ビルのホテルに荷物を預け、美観地区へ向かった。美観地区は、倉敷駅南口から徒歩約10分のところ。16：00を過ぎた倉敷は雨が降っていた。田代先生は、何度も腕時計をみて時間を気にしている。「エル・グレコは、5時までなんだよ」と。目途の場所は、17：00に閉店するらしい。そこは、大原美術館に隣接する建物で、蔦でおおわれた喫茶店である。白い扉の右横に「珈琲 COFFEEエル・グレコ CAFE　EL　GRECO 10時－17時」とある。店名は、大原美術館所蔵のエル・グレコによる「受胎告知」にちなんでいる。大原總一郎の発案で、

1959（昭和34）年にオープンした。ということは、2005（平成17）年で46年になる。

　城山三郎著『わしの眼は十年先が見える ― 大原孫三郎の生涯 ― 』によれば、「やはり倉敷川に面した美術館の隣には、大原家管理会社が事務所に使っている洋館があった。名画を堪能した客は、そのあとゆっくりとコーヒーでものみたくなる。總一郎はそうした客の気持ちを察して、孫三郎の秘書であった佐々木浦江にその洋館で喫茶店を営むようにすすめた。店の名はエル・グレコ、緑の蔦におおわれ、いまは美術館の一風景にもなっている」[5]と記される。店内は、どっしりとしたテーブルとシンプルな椅子を配し、クラシックで落ち着いた雰囲気をかもしだしていた。初めてひとりで入るには抵抗あるが、1度入ったら、また利用したくなる。店の方によると、2階は閉鎖されており、今は倉庫として使用しているらしい。ここで、アイスコーヒーを注文し、古本めぐりの疲れを癒した。やはり、閉店は17：00。時間までねばって、ここをでた。倉敷川沿いを南に少し歩いたところで、解散とした。田代先生は、バスで藤戸町天城へ、筆者は、美観地区をゆっくり歩いて、倉敷駅のホテルへ向かった。雨で濡れて柳の葉が、大きく垂れていた。

　3日目（8月22日）最終日は、午前に美観地区を、午後は岡山市を見て回ろうと考えた。天気は薄曇りであるが、晴れ間がではじめた。早朝に美観地区を見学した。まだ、観光客は、まばらであった。大原邸前から大原美術館を眺めていると、中学生、高校生らが自転車で今橋を渡って通学していた。夏休みなので、部活動にでも行くのであろうか。今橋の上で、地元の方が観光客を相手に、有隣荘や大原邸、今橋のことなどを熱心に解説していた。大原美術館は、9：00開館（毎週月曜日は休館日）である。夏休み期間中や10月〜11月は休館日なしで営業しているらしい。開館と同時に大原美術館の数々の名画を見学し、倉敷アイビースクエアと児島虎次郎記念館、倉紡記念館などを見て回った。ここは、倉敷紡績工場の跡地で、赤レンガの壁と緑の蔦が美しい。倉敷アイビースクエア内のいくつかの掲示板には、次のように示されていた。

この地のいわれ
— 倉敷代官所跡・倉敷発祥の地 —

古来この附近一帯は、「小野が城」または「城の内」と呼ばれ、戦国時代の砦の跡といわれる。慶長五年（西暦一六〇〇）関ヶ原の合戦で東軍が勝利を得てから、この地は徳川幕府の直領（天領）となった。

慶長十九年（西暦一六一四）大阪冬の陣に備中国総代官小堀遠州は幕府の命をうけ、兵糧米十数万石を倉敷湊から大阪に積み出すため、ここに屋敷を構えて陣屋とした。それ以来倉敷湊は急速な発展を遂げ、寛永十九年（一六四二）に陣屋は倉敷代官所となり、初代幕府代官米倉平太夫が赴任してきた。

それより明治維新にいたる二百余年間、倉敷代官所は備中（倉敷）美作（久世）讃岐（塩飽諸島）の天領を支配する枢府となった。

天保五年（一八三四）には代官所北側に倉敷教諭所が建てられ明倫館と名付けられた。それ以来、この地は文教の中心地となった。

幕末になって尊皇佐幕で天下が物情騒然のとき　慶応二年（一八六六）長州奇兵隊を脱走した一味約百名は、倉敷代官所及び浅尾藩（総社市）を襲撃し世にいう倉敷淺尾騒動を起こした。このため代官所は灰燼に帰し焼野が原となった。明治の維新政府は、代官所跡に倉敷県庁を置いたが、明治四年倉敷県が廃止されてからは放置されたままになっていた。その後地元の先覚者達によって、明治二十一年三月九日代官所跡に倉敷紡績所（倉敷紡績株式会社）が創設され、紡績工場の汽笛が鳴りひびいた。

以来、倉敷紡績は倉敷の発展に寄与するところとなった。

倉敷紡績では、この地が古くより倉敷発展の中心地であるのみならず、また、会社発祥の由緒ある地であることにもかんがみて、記念保存地区に指定し、この地一帯が長く伝え残されることを希念している[6]。

この建物は倉敷紡績の発祥工場で明治二十二年（一八八九）に建設された。
設計は、日本の最初の紡績工場（鹿児島紡績所）を建設した石河正龍らによるもので、今日わが国に残存する最も古い紡績工場の代表的な一つとなっている。

純英国風といわれる鋸型の屋根、赤レンガの外壁、半円形の窓など当時の面影をそのままにとどめている。

この工場は昭和二十年（一九四五）終戦とともに長年に亘る操業（綿紡績など）に終止符を打ち、休止工場として保存されていたものを昭和四九年（一九七四）に改装した[7]。

（ぶどう科）

つた

別名（なつづた・あまづら）

平安時代には早春に、この幹から液をとり煮つめて甘味料を採った。砂糖のなかった時代の甘味料として珍重されたことが、古今著聞集・源氏物語・古事談・尺素往来等の書物にのせられている。

ただし、葉は食用にならない。

落葉性のこの〝なつづた〟に対して常緑の〝ふゆづた〟があるがこれは「うこぎ科」に属する。この壁面の〝つた〟は昭和の初期に西日のため室温の上昇するのを防ぐため植えられたものである[8]。

3 遙か労研饅頭を求めて

今回の訪問は、「労研饅頭（ろうけんまんとう）」を味わうことが目的のひとつでもあった。労研饅頭とは何か。前に掲げた城山三郎著『わしの眼は十年先が見える－大原孫三郎の生涯－』をみると、「若い研究員たちは、深夜作業につき合い、ある期間、女工宿舎で寝泊まりもした。栄養状態を手軽に改善するための饅頭までつくりだした。糖分を抑えた黒豆入りの蒸しパンで、栄養価は高く、手間が省けるし、番茶

写真－2 三笠屋のろうまん
左 味付け（4ケ入り）、右 あん入り（3ケ入り）

にも牛乳にもみそ汁にも合う。日保ちもよく、焼いて食べてもいいし、飽きが来ない・・・との自信作であった。名付けて「労研饅頭」。自信は報いられた。この饅頭は「ろうまん」の名で岡山の町でも売られ、四国の一部にもひろがり、いまも健康食品として残っている」[9)]と記される。労研饅頭は、倉敷労働科学研究所によって、つくりだされた食品なのである。この労研饅頭に関しては、三浦豊彦[10)]によって『労働と健康の歴史』(第三巻)、(第四巻)、(労働科学研究所出版部)、『暉峻義等 労働科学を創った男』(リブロポート)、及び『労働科学研究所60年史話』(労働科学研究所)などで詳細に記述されている。これら文献によると、1929(昭和4)年11月7日、労働科学研究所の暉峻義等によって、労研饅頭を紹介した記事がある。さらに、『労働科学研究』(第七巻、第一号)1930(昭和5)年に「労研饅頭について」という暉峻論文がのっている。そもそも饅頭は、満州の苦力が主食としている饅頭からヒントを得たもので、満州から支那料理人の林宝樹という青年を研究所に呼び寄せ、日本人の嗜好に合うように改善を加えた。製法が簡単で、安価で、栄養価値が大で、軽便に食べられのが、労研饅頭の特色である[11)]。しかし、労研饅頭は、当時の女工さんにとっては高価なもので、むしろ失業者の仕事としての問い合わせが多かったらしい。労研饅頭の製造と販売は、各地方に伝わったが、今では、入手し難い食品となっている。四国松山の「たけうち」、岡山では「ローマン三笠屋」などで製造販売されている[12)]という。

　社会福祉研究センターの田代先生によると、ほかではなかなか見あたらないが、岡山大学医学部の売店で「ろうまん」を販売しているらしいということが分かった。そこで、遙か労研饅頭を求めて、岡山大学医学部（鹿田キャンパス）へ向かうことにした。広い岡山大学を探し歩いたところ、岡山大学病院外来売店で「ろうまん」を発見。速やかに3パック購入した。味付け（4ケ）と、あん入り（3ケ）の2種類。ともに、1パック179円。製造者は、三笠屋（宮武義紀）とあった。やっと労研饅頭に巡り会うことができた。食べてみると、甘みをおさえた素朴な味がした。労働科学研究所によって開発された食品が、70年以上経過した今も地域で受け継がれているのである。

栄養分析表(1個平均重量45g当り)	
エネルギー 111kcal	ナトリウム 110mg
たんぱく質 2.5g	食物繊維 0.9g
脂　質 1.4g	灰　分 0.4g
糖　質 22.0g	水　分 17.8g
(財)岡山県健康づくり財団調べ	

名　称	蒸しまんじゅう
品　名	ろうまん(味付け)
原材料名	小麦粉、砂糖、油脂、食塩、イースト、膨張剤、黒豆
内容量	180g(45g×4ヶ)
消費期限	別表示
保存方法	直射日光をうける場所、高温多湿の場所をさけて保存して下さい。
取扱い上の注意	開封後はお早めにお召し上り下さい。
製造者	三笠屋(富武員紀)　岡山市○405-2　電話(086)228-1337

栄養分析表(1個平均重量60g当り)	
エネルギー 140kcal	ナトリウム 120mg
たんぱく質 3.5g	食物繊維 1.8g
脂　質 1.6g	灰　分 0.5g
糖　質 27.9g	水　分 24.9g
(財)岡山県健康づくり財団調べ	

名　称	蒸しまんじゅう
品　名	ろうまん(あん入り)
原材料名	小麦粉、あん、砂糖、油脂、食塩、イースト、膨張剤、黒豆
内容量	180g(60g×3ヶ)
消費期限	別表示
保存方法	直射日光をうける場所、高温多湿の場所をさけて保存して下さい。
取扱い上の注意	開封後はお早めにお召し上り下さい。
製造者	三笠屋(富武員紀)　岡山市○405-2　電話(086)228-1337

図-2　ろうまんの栄養分析表[13]
2005（平成17）年8月22日、包装紙から抜粋

あとがき

　倉敷から岡山へ向かう途中、中庄駅で下車した。「人間裁判記念碑」を見に行くためである。ここからはタクシーを利用した。地元タクシー運転手の方によると、南岡山病院は分かるが、石碑については知らないし、それを見に行く観光客もいないらしい。とりあえず、南岡山病院を目指して発車した。駅から細い道を何度も右左折して進むので、方角がよくわからなくなった。南岡山病院は、山の上にあった。病院玄関のベンチで座っていた年輩のご夫婦に石碑のことをうかがうと、山を下った県道沿いにあると教えていただ

た。石碑の前で写真をとって、来た道を引き返した。

　岡山で「ろうまん」に巡り会った後、門田屋敷へ向かった。ここには、岡山孤児院（石井十次創設）のあった三友寺がある。今も山門が残っていた。その奥は、三友保育園となっており、園児の元気な声が聞こえていた。山門の横は、岡山博愛会病院があり、向かって右横に石井十次像が建っていた。ちょうどその前が路面電車の乗り場で、帰りはこれに乗って岡山駅へ向かった。真夏日の午後、ゆっくり走る路面電車はのどかであった。岡山駅からふりかえり、岡山城方面を眺めると、ビル上に「Ｋクラレ」の看板を見つけた。

【注】
1) 田代国次郎先生古稀記念論文集編集会編発『野に咲く花のように－田代国次郎先生古稀記念論文集－』2005年10月8日、163ページ～166ページ。
2) 八木福次郎編発『全国古本屋地図21世紀版』日本古書通信社、2001年、59ページ。
3) 前掲2) 265ページ。万歩書店（久米415－1）は、旧国道2号線沿い備前白石バス停そばに郊外型売り場面積260坪。和本、学術研究所から雑誌、マンガまで時代の新旧・ジャンルを問わず幅広く扱っている。〈10時～21時、第2・3・4火曜休〉。岡山市内、倉敷市、総社市、津山市にも支店があり、それぞれ巨大な店で総売場面積は1千坪をこえる。
4) 下電バス「笹無山停留所通過予定時刻表」2005年4月1日。2005年8月21日現在。
5) 城山三郎著『わしの眼は十年先が見える－大原孫三郎の生涯－』飛鳥新社、1994年、275ページ。
6) 倉敷アイビースクエア内の掲示板。
7) 前掲6) アイビー学館付近の掲示板。
8) 前掲7)。
9) 前掲5) 173ページ～176ページ。
10) 三浦豊彦、1913年、台湾生まれ。1940年、日本医科大学卒業。同年（財）労働科学研究所入所。1948年、医学博士。1964年、労働科学研究所研

究部長。1971年〜1980年、労働科学研究所副所長。1988年、労働科学研究所名誉研究員。1997年12月31日逝去、享年84歳。主な著書は、『現代労働衛生ハンドブック』労働科学研究所出版部、1988年。『労働の衛生学』（4訂版）大修館書店、1982年。『新生活の衛生学』労働科学研究所出版部、1978年など、その他多数。
11) 三浦豊彦著『労働と健康の歴史』（第三巻）労働科学研究所出版部、1993年、207ページ〜215ページ。
12) 三浦豊彦著『労働と健康の歴史』（第四巻）労働科学研究所出版部、1995年、351ページ〜352ページ。
13) 三笠屋「三笠屋のろうまん」包装紙。2005年8月22日付。抜粋。

本稿は、田代国次郎編『草の根福祉』（第38号）社会福祉研究センター、2006年、77ページ〜84ページに掲載された。

岡山からヒロシマへ

はじめに

　今年（2007年）の夏は、とくに暑かった。8月1日、気象庁は関東甲信越から北陸、東北地方の梅雨明けを発表し、列島の長い梅雨は終わった。今年の梅雨は、大雨に低温、日照不足で、今後1ヵ月は平年並みの暑さと予想された。ところが、猛暑日が続いた8月16日午後2時30分、岐阜県多治見市で、同42分、埼玉県熊谷市で40.9度の国内最高気温を観測。山形市で記録した最高気温の40.8度（1933年7月25日）を74年ぶりに更新。熊谷市内の幹線道路では、アスファルトに水がたまっているように見える「逃げ水」現象があらわれた。気象庁によると、フィリピン付近で大気の対流が活発になった影響で、太平洋高気圧が勢力を強めたことが主因とみられ、連日の猛暑で気温が上がりやすかったという。熊谷市など関東地域では、上空を北西の風が吹いて山越えの風が吹き下ろすフェーン現象が重なった。多治見市など東海地方では、太平洋高気圧の中心に近かったことから最高気温の更新につながったとみられる[1]。この夏、暑さのために熱中症による死亡者、救急搬送された人などの増加が目立った。

　8月24日、岡山は高気圧が広がり、日中の最高気温35度以上のところが多く、厳しい暑さとなった。この日、筆者は倉敷市藤町天城の社会福祉研究センター（代表：田代国次郎）を訪問した。社会福祉研究センター訪問記－その1－は、『野に咲く花のように－田代国次郎先生古稀記念論文集－』[2]に、－その2－は、『草の根福祉』（第38号創立45周年記念号）[3]に掲載させていただいた。今回は、第3回目の訪問について、ここにまとめ、記録しておこうと思う。

1　社会福祉研究センター訪問

　社会福祉研究センターは、田代先生の熱意によって創立されたもので、自宅の車庫の上に約20平方メートルの書庫を設け、福祉資料室として、福祉関係の約2万冊以上の図書を一般に公開している。福祉関係の貴重な資料が並び、新聞の切り抜きも5百冊以上あるという。ここにある図書、資料は年々増加を続け、2007（平成19）年8月現在、同センターは増築されていた。

福祉にかかわる研究者や学生などが訪れ、時間をかけて調べていくこともある。田代先生自身も図書探しに苦慮することがあり、必要な資料を集めては、別途の作業場（事務室）で活用するという。とはいうものの、きちんと整理されているところをみると、田代先生の几帳面な性格がうかがえる。

　岡山駅から同センターへの電車アクセスルートは、2つある。1つは、山陽本線を利用し倉敷駅から下電バス児島駅行バスに乗車し、笹無山バス停で下車、徒歩の方法である。2つ目は、瀬戸大橋線を利用し、茶屋町駅下車、タクシーまたは徒歩の方法である。しかし、いずれの方法も、初めて訪れる人は苦戦すると思われので、事前の確認が必要であろう。筆者は前回同様、倉敷駅から下電バスを利用した。バスは美観地区を旋回し、児島を目指す。笹無山バス停は、チョッパーズ（スーパーマーケット）の前にあり、その隣は水島信用金庫。道路の反対側には倉敷川が流れ、天城郵便局がある。バス停から徒歩数分で社会福祉研究センターに到着する。

　玄関ブザーを押すと、田代先生の声が聞こえ、迎えていただいた。仕事場（事務室）は、窓際に大きなデスクが置かれ、本棚、文献で囲まれる。最近読まれた文献や資料、広島の古本店などを紹介していただいた。本棚には本と一緒に幾つかの「小石」が飾られていた。田代先生は自称「石マニア」で、海岸でイイ石があると拾って持ち帰る。田代先生によると、岡山県早島町の「人間裁判記念碑」に使われている石材は、香川県の「庵治石」であるという。

庵治石は、香川県高松市の東に隣接する庵治町、弁礼町などから産出される石材で、その質は高く評価されている。この石の特徴は、硬度があり耐久性に優れていること、水に強く風化しにくいこと、小さい結晶で細かい彫刻が施せること、などであるらしい。最近は、石、岩の文献、資料を探しているが、なかなか見あたらないという。

写真－1　社会福祉研究センター蔵著の一部
　　　　2007年8月24日　筆者撮影

2 岡山市街書店めぐり

　社会福祉研究センターを訪問してから、田代先生と一緒に岡山市街へでかけることになった。同センターから茶屋町駅（瀬戸大橋線）ルートで岡山に向かう。茶屋町駅への道のりは、のどかな田園風景が広がり、新築中の家々が時折みられる。昔と比べ住宅が多くなったという。恐縮して先生のあとをついていく。岡山市街では、県立図書館、岡山シンフォニービル、岡山駅東口などの書店を見て回った。

　岡山駅東口から路面電車で「県庁前」下車（徒歩数分）、岡山県庁の正面に県立図書館がある。県立図書館の玄関を入った右手に喫茶室があり、そこで昼食をとった。テーブル越しのガラスウインドーの正面には岡山県庁がしっかり見える。館内はガラス面が多く明るく、開放感がある。郷土資料、社会科学関係のコーナーなどを回覧した。館内ガラス越しに岡山城がよく見えた。それから、表町商店街を通過し岡山シンフォニービル内の書店（丸善）に向かった。商店街では学生らによる楽器演奏会が開催されていた。丸善シンフォニービル店では、毎年古本展が開催され、地域の貴重な掘り出し物がみつかるらしい。社会福祉関係コーナーを見て、文献1冊を購入した。岡山駅東口は、商業施設「サンステーションテラス岡山・北館（愛称さんすて岡山・北館）」がオープンして間もない為か多くの人たちで混雑していた。新しく開店した書店（三省堂）を見て回る。田代先生は店員さんに、「石（イシ）、岩（イワ）の本は見つからないんだよね」。と話しかけていた。が、石の本は見つからず。岡山駅から倉敷へ向かう途中、万歩書店（古書店）に寄った。山陽本線「庭瀬駅」の手前に新しく駅ができた。この駅から万歩書店は約1kmの距離にある。ここで、文献数冊を購入した。倉敷駅に到着すると夕方になっていた。結局、田代先生には1日お世話になってしまった。貴重な時間をいただき恐縮する。倉敷駅のホテルに宿泊したその夜、東口のチボリ公園では、盛大に花火が打ち上げられていた。

3 ヒロシマを訪れて

　1945（昭和20）年8月6日未明、激戦地サイパン島の隣島テニアン島から、B29「エノラ・ゲイ」が濃縮ウラン型爆弾「リトルボーイ」積んで飛び立った。広島上空でT字形の相生橋を目印に投下。午前8時15分、地上約600メー

トルの地点で炸裂した。爆弾は強烈な閃光、爆風、放射能を放つ火の玉となり、人と町を破壊し尽くした。9日未明、今度はプルトニウム型爆弾「ファットマン」を積んだＢ29「ボックスカー」がテニアン島を出た。第1目標だった小倉の上空は視界不能で、午前11時2分、第2目標の長崎に投下された。地上約500メートルの地点で爆発した爆弾は、広島型の1.5倍の威力で市民に襲いかかった。広島、長崎両市で20万人以上の人が亡くなった[4]。

　8月6日の夏、広島は被爆から62回目の原爆忌を迎えた。広島市中区の平和記念公園で平和記念式典（原爆死没者慰霊式・平和祈念式）が行われ、各都道府県の遺族代表や市民等約4万人が参列し、核のない世界実現を訴えた。秋葉忠利市長は、平和宣言で、核拡散の動きは加速しているとして、「人類は今なお滅亡の危機にひんしている」と訴えた。一方で、21世紀は市民の力で問題を解決できる時代になるとの見通しを示し、世界の1,698都市が加盟する「平和市長会議」は2020年までの核兵器廃絶を目指していると表明した。日本政府に対しては、「被爆の実相と被爆者の哲学を学び、世界に広める責任がある」と指摘し、「米国の時代遅れで誤った政策にははっきりと『ノー』と言うべきです」と主張した。4月に銃撃を受けて殺害された伊藤一長・前長崎市長の死に触れ、「心から哀悼の誠をささげ、核兵器のない地球を未来の世代に残すため行動することを誓う」と締めくくった[5]。式典では、この1年間で亡くなったり、死亡が確認されたりした5,221人の名簿が慰霊碑に奉納され、名簿は91冊、死没者数は25万3,008人となった。全国の被爆者は年々減少し、2007年3月現在で25万1,834人。平均年齢は74.6歳となった[6]。

　6日、原爆忌の早朝、一人の男性は、広島市中区八丁堀の停留所に立ち、空を見上げていた。米澤鐵志さん（72歳）は、当時、国民学校の5年生で、疎開先から一時帰宅するため、母静子さん（当時36歳）と、広島電鉄の路面電車に乗っていた。爆心地からわずか約750メートル東の福屋百貨店前にさしかかった時、目の前がピカッと光り、聞いたことのない音がした。すべての窓ガラスは吹き飛び、回りの大人たちは血だらけで、「助けてくれ」と叫んでいた。母とともに、倒れた人を踏み越えるようにして脱出。疎開先にたどり着いたものの、脱毛や高熱に苦しみ、静子さんは9月1日に息を引

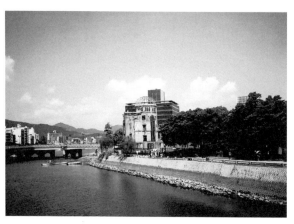

写真－2　原爆ドーム
2007年8月25日　筆者撮影

き取った[7]。被爆して間もない1歳の妹も亡くなった。米澤さんは、路面電車内で被爆し奇跡的に助かったひとりである。一方、原爆の町・広島はチンチン電車の町とも知られ、マニアのあいだでは「動く路面電車の博物館」と呼ばれている。被爆した路面電車が今もなお広島の町を走り続けている。しかも当時、路面電車に乗務していた運転手・車掌の7割ほどが14～17歳の少女だったという。戦局がつのり、男性乗務員が戦地にとられ、その穴埋めを少女たちが行っていたというのである。女性運転手・車掌の養成校「広島電鉄家政女学校」は、戦時中の1943（昭和18）年春に開校し、被爆までのわずか2年半という短い歴史を閉じた。同校の存在は、広島でも一部の人しか知られていない「幻の女学校」と呼ばれていた[8]。堀川惠子・小笠原信之著『チンチン電車と女学生』（日本評論社）[9]は、その歴史を掘り起こし、当事者の体験を最大限リアルに再現し、記録した文献である。

　田代先生と別れた翌25日の早朝、岡山から広島へ向かった。広島駅から路面電車を利用して、原爆ドーム、平和記念公園、広島平和記念資料館などを見て回った。売店で買った地元中國新聞（8月25日付）を見ると、「福祉サービス公社廃止」の記事に目が止まった。広島市は、主に訪問介護事業を展開している100％出資の財団法人「市福祉サービス公社」の廃止を決定した。参入や利用者への民間へのシフトが進み、シェア低下。市は人件費や事業の赤字補てんに公金投入を続けてきたが、存続困難と判断した。希望する職員には民間事業者をあっせんし、事務職員は市の関連団体に転籍させるという[10]。市場原理の福祉事業、福祉労働者の一断面が読みとれる。昼食は「広島焼き」を食べようと思い、繁華街を歩いていった。田代先生に教えていた

だいた「アカデミイ書店」[11]に寄ることもできた。

あとがき

「反戦・平和がない国に社会福祉は育たない」田代国次郎先生は訴える。社会福祉は、いま大変な危機に瀕している。いのちが大切にされないからである。いのちを大切にするということは、反戦・平和をきっちりたたかっていくことだろう[12]。田代イズムには、反戦・平和と社会福祉原則がしっかりつながっている。

ところで、原爆ドームを見たあと、広島駅から路面電車でのんびりと広島宮島口へ向かった。所要時間64分である。ホテルに1泊し、翌日は厳島神社を見学した。歴史民族資料館を見学したあと、ロープウエイで弥山山頂までのぼってしまった。獅子岩の展望台から瀬戸内の多島美を眺めた。絶景のポイントである。天気が良いと、ここから四国が見えるという。帰りは宮島口からJRで広島駅へ。名物もみじまんじゅうを買って、新幹線で東京へ向かった。今回は、岡山、倉敷の社会福祉研究センターからヒロシマへ足をのばし、よくばって世界遺産2つを見てしまった。

【注】

1) 毎日新聞社「74年ぶり国内最高　埼玉・熊谷と岐阜・多治見」毎日新聞、2007年8月17日付。
2) 田代国次郎先生古稀記念論文集編集会編発『野に咲く花のように－田代国次郎先生古稀記念論文集－』2005年、163ページ～166ページ。
3) 田代国次郎編『草の根福祉』(第38号創立45周年記念号)2006年、77ページ～84ページ。
4) 朝日新聞社「原爆はこう投下された」朝日新聞、2007年8月6日付。
5) 舞に津新聞社「市民の力で核廃絶」夕刊毎日新聞、2007年8月6日付。
6) 読売新聞社「広島原爆忌62回」夕刊読売新聞、2007年8月6日付。
7) 読売新聞社「広島「あの日」から62年」夕刊読売新聞、2007年8月6日付。
8) 堀川恵子・小笠原信之著『チンチン電車と女学生　1945年8月6日・ヒ

ロシマ』日本評論社、2007年、10ページ。

9）前掲8）

10）中國新聞社「広島市福祉サービス公社廃止」中國新聞、2007年8月25日付。

11）広島駅から中心部八丁堀まで電車で15分。降りて直ぐ南側に入ると金座街商店街、その中程にあるアカデミイ書店（中区本通1－7）。二階までが店舗で古本のデパート。文科系学術書から和本まで粒の揃った広島を代表する古本屋の一つ。八木福次郎編発『全国古本屋地図21世紀版』日本古本通信社、2001年、266ページ～269ページ。

12）前掲2）

本稿は田代国次郎編『草の根福祉』（第40号）社会福祉研究センター、2008年、1ページ～6ページに掲載された。

唯木君を偲んで

1　唯木雅剛君との出会い

　立正大学大学院社会福祉学研究科社会福祉学専攻修士課程は、1999（平成11）年12月に設置され、2000（平成12）年4月入学が第1期生となる。筆者は、翌2001（平成13）年4月に入学（第2期生）し、田代国次郎先生に研究指導をお願いした。その大学院時代、第1期生の1人として、唯木君が在籍しており、授業や研究発表会などで、お会いしたのが、唯木君と筆者との出会いであった。身体が大きく、穏やかな話し方と表情で、周囲を和やかにする雰囲気をもっていた。福島県から埼玉県熊谷市の大学まで通っていること、福島介護福祉専門学校に勤めていること、福島大学時代の田代国次郎先生との関わりなどを唯木君との会話で知った。大学院終了後も、田代国次郎先生と同大学院同窓生らで、研究合宿会や学会、文献づくり（田代国次郎編『地域から社会福祉を切り開く ― 関東地域の社会福祉研究 ― 』本の泉社、2007年）などで、時どき、お会いする機会をもっていた。福島介護福祉専門学校では、研究誌『東北介護福祉研究』を発行しており、唯木君はその編集にも携わっていた。同校には、田代国次郎文庫があり、時期をみて、専門学校を見学したい旨、唯木君に話すと、よろこんで「私が福島の穴場を紹介します」と言ってくれた。

　福島行きを考案しているところ、大学院同窓生の連絡で唯木君の訃報を知ったのである。

2　日本社会福祉学会第56回全国大会と唯木正剛君を偲ぶ会

　2008（平成20）年10月11日～12日、岡山県（倉敷市芸文館、岡山県立大学）を会場に、日本社会福祉学会第56回全国大会が開催された。今回は、田代国次郎先生の地元（倉敷）が会場でもあり、先生を囲んで立正大学大学院同窓会と、唯木雅剛君を偲ぶ会が予定されていた。

　第1日目は、倉敷市芸文館を会場に特別講演、企画シンポジウム、自由研究報告会などが企画されていた。特別講演では、大原謙一郎氏（財団法人大原美術館理事長）「地域と福祉と文化について ― 倉敷と大原孫三郎のケー

ススタディー」の講演があった。

　第2日目は、岡山県立大学を会場にして、テーマセッション、シンポジウム、自由研究報告会などが、行われた。筆者は、自由研究発表会（口頭発表）の「障害（児）者福祉」、「方法・技術」分野の発表を見学した。

　第1日目の18：30〜岡山市のホテルサンルート岡山で、立正大学大学院田代ゼミナール同窓会と唯木雅剛君を偲ぶ会が行われた。田代先生をはじめ、同窓生8人の計9人が集まった。冒頭に田代先生から唯木君を偲ぶ挨拶があり、参加した同窓生らもそれぞれの思いを語った。唯木君追悼文については、福島介護福祉専門学校発『東北介護福祉研究』（第11号）2008年8月に掲載されている。

3　福祉の現場に身をおいて

　私事であるが、2008（平成20）年7月16日、過労のため、ダウンした。早朝、洗面台の鏡にうつる自分の顔をみると目が充血し、いつもと違う身体と心の異変に気がつき、急に首筋が重くなった。頭が混乱し、不安で心の平静を保つことができなかった。通院した結果、主治医によると、「仕事上の疲労と心理的なことが要因なので、仕事のことは忘れて、しばらく静養するように」と言われた。眼科では「眼球疲労」と診断され、点眼薬が処方された。

　そういえば、新年度（4月）から幾つもの仕事が重なり、無理をして過ごしていた。長い間（27年間）、福祉の現場で仕事をしていて、自分で「身体と心をコントロールできない」こと、「心が折れる」という感覚は、今まで体験したことがなかった。それから半月、仕事を休んで自宅で静養し、8月から復帰することができた。ダウンしてから約半年経過した今も仕事を続けているが、ベストコンディションとは言えない。それでも仕事と日々の生活は継続される。結局、ひらきなおって、1日1日を楽しく過ごすように考えている。

　文部科学省によると、2007（平成19）年度の教職員の病気休職数は、8,069人（過去最高）で、うち、うつなどの精神疾患は、15年連続の増加で約5千人に達し、精神疾患は、休職者の約62％を占めるという。要因として、①指導や対応の困難、②職場での支え合いが困難、③業務量の増大、などがあ

げられる。期待に応えようと1人で抱え込み、限界を超えたあとに受診する人が多いという[1]。自分自身と重なることが多い。

　五木寛之氏(作家)によれば、「躁」から「鬱」の時代に転換した現代は、あきらめる「覚悟」を持つことが必要であるという。あきらめるとは、「明らかに究める」ことで、絶望するのでなく、甘い希望によりかかるのでもなく、事実を真正面から受け止め、覚悟を決めたうえで、「優雅な縮小」を目指すというのである[2]。

　福祉の現場に身をおく者の1人として、心の転換を図る時代なのだろうか。

あとがき

　日本社会福祉学会のあと、同窓生の大塚良一氏と小室泰治氏の3人で、秋の倉敷美観地区を散策した。倉敷駅から美観地区へ向かう途中、「備中倉敷浜吉」で食事をした。魚定食は美味しかった。大原美術館、倉敷民芸館、児島虎次郎館などを見て回り、喫茶「エル・グレコ」に寄ったが、満員で入れなかった。えびす通りから倉敷駅へ向い、途中、倉敷市昭和の「長山書店」によった。ここで、『大原孫三郎傳』[3]、『大原孫三郎父子と原澄治』[4]、『夏の最後のバラ』[5]など、大原に関する文献を見つけて、さっそく購入した。地方の古本屋には、掘り出し物がある。

　倉敷駅から上空を眺めると、一面にうろこ雲が浮かんでいた。秋の空である。

写真-1　倉敷上空のうろこ雲
2008(平成20)年10月12日　筆者撮影

【注】

1) 朝日新聞「教職員の病気休職8069人」朝日新聞社、2008年12月26日付。
2) 中央公論社『中央公論』(2月号)、2009年2月1日発行、32ページ〜39ページ。
3) 大原孫三郎傳刊行会編『大原孫三郎傳』非売品、1983年。
4) 犬飼亀三郎著『大原孫三郎父子と原澄治』倉敷新聞社、1980年。
5) 大原總一郎著『夏の最後のバラ』朝日新聞社、1969年。

　本稿は、唯木雅剛君追悼記念論集編集会編『雨にも負けず　— 唯木雅剛君追悼記念論集 — 』、2009年、29ページ〜31ページに掲載された。

田代国次郎先生と出会うことができて

プロローグ
　筆者らは、大学院修士課程修了後も研究合宿や勉強会、学会などで、田代先生とお会いする機会があり、研究や論文のご指導をいただいた。先生は、出版した本、研究冊子などを教え子らにも、送付したり、研究合宿、調査などを楽しみにしているようだった。こちらも頑張っているところを見せたくて、本や記念誌、機関紙などをお送りしつつ、近況をお伝えしていた。私たち教え子よりも先生の方がお元気で活動していたとおもう。保存していたお便りと記録の一部を整理し、思い返したい。

1　お便りをとおして
〈平成19年4月13日〉
　時下、ますますご清祥のこととお喜び申し上げます。
　『社会福祉研究実践運動』[1]を拝読させていただきました。ありがとうございます。
　私は25年間、福祉現場にいても、新しい職場では、悪戦苦闘し、苦しい日々をおくっています。非常勤先のS短大も経営困難に陥り、職員、教員の大量リストラが加速しています。事業団も民間も極めて厳しい現実に直面しています。いったい、いつになったら福祉労働者に世の光りがあたるのでしょうか。とにかく、地道に頑張ろうとおもいます。先生もお身体に気をつけてください（吉田）。

〈平成20年8月3日〉
　前略　本日たしかに原稿（40号）[2]拝受いたしました。それにしても病労で倒れたとのこと、お見舞い申し上げます。私もかつては病労で倒れ、入院したこともあります。40歳代だったので回復も早かったのかもしれません。
　ところで、今後のことですが、どのようにお考えですか。私はどちらかというと、君はやはり先生向きのタイプのようですから、どこかの大学に就職できたらよいとおもいます。それは担当科目に関係しての研究業績が必要に

なります。今回のレポートは、研究業績になりませんので、何か別のテーマ〈自分の専門担当分野、科目に関係〉で書かれてはいかがですか。たとえば、これまでの現場での苦労実践をふまえた〈福祉施設労働私論〉—その1—でも書くとよいとおもう。【注】をたくさんつけて書くと良い。(40号)の原稿締め切りは、8月下旬としておりますのでまだ、十分間に合います。唯木君の追悼文集[3]、立正大学の学会でも発表可能です。年に少なくとも1～3本の論文を発表しないと、この世界もなかなか厳しくなっています。
　お身体に気を付けて、今後のことを考えてください。また、10月学会[4]のとき、お目にかかりましょう。倉敷にて（タシロ）。

〈平成20年8月22日〉
　時下、ますますご清祥のこととお喜び申し上げます。原稿の校正は、みつ印刷に送付します。どうぞよろしくお願いいたします。仕事で論文を1本書き、その後、疲労で約半月休みをいただき、8月から職場に復帰しました。体調と精神が十分ではなく、なんとか、その日その日を過ごしております。お便りと資料をありがとうございました。気候の変化が激しいので、先生もお身体を大切にしてください。岡山での10月の学会は、楽しみにしております（吉田）。

〈平成21年3月14日〉
　早春の候　ますますご清祥のこととお喜び申し上げます。4月から、あげお→花園（知的障害者更生施設）へ異動（役付）の内示がありました。どうにかやっております。非常勤講師はやめて、後任に引き継ぎました。仕事で書いた地域移行の論文[5]が評価されて、3月初旬に全国社会福祉事業団協議会の研修会で発表してきました。当事業団の根気賞も受賞し、少し風が吹いてきたようです。無理をしないで、少しずつ行動しようと考えています。先生もお身体に気をつけてください。また、お会いできることを楽しみにしております（吉田）。

〈平成21年3月20日〉
　前略　先日は、おはがきありがとう。このたびのご栄転（役付）おめでと

うございます。先日も、大塚君からTelがあり、君の栄転予定を聞いておりました。
　私は先週来、東京都での明星大学大学院博士号審査委員をたのまれ、1泊で上京しておりました。私は〇合(まるごう)を持っていますので、博士号の審査が出来ます。今年すでに2回目です。君がやっている研究が、いつか博士号論文として1冊の本になることを期待しています。根気賞を受賞したほどの気力があるようですから、良い研究がすすむことを楽しみにしています。私はオンブズマンの仕事10年目です。倉敷にて（タシロ）。

〈平成22年3月28日〉
　時下、ますますご清祥のこととお喜び申し上げます。春の倉敷の気候と、先生の調子は、いかがですか。私の長女が大学に合格し、4月から人間福祉学部へ進学することになりました。長男も大学院へ進学となりました。おかげで、家計は貧困状況です。私は、異動もなく事業団（花園）継続となりました。体調は、よくないのですが、どうにかやっています。仕事の関係で、4月から城西大学の「福祉マネジメント」1コマを担当することになりました。また、お会いできることを楽しみにしております（吉田）。

〈平成22年年8月14日〉
　時下、ますますご清祥のこととお喜び申し上げます。先日は、大変おせわになりました。富岡製糸場見学後、3人（大塚、小室、吉田）は、関越自動車道で帰り、小川町で「そば」を食べて帰りました。写真と当施設（工房はなぞの）で、つくった製品をお送りいたします。次回、お会いできることを楽しみにしております。お身体に気を付けて、ご活躍ください（吉田）。

〈平成22年9月16日〉
　先般、藤岡に行った合宿は、大変よかったと思います。その後、論文テーマ決まりましたか。話のなかで書けそうなテーマと思ったのは、〈社会福祉労働再生への課題〉── ある福祉施設の労働内容科学化を求めて ─、1年間の労働内容分析で、統計化、数量化、記録化です。いずれにしても、福祉労

働に関係する問題でレポートにしてみてはとおもいます。私は、パート化、非常勤化等の問題で常勤換算制度の問題を注目しているのですが、書けないでしょうか。10月の学会合宿までに下書きないし、統計データのようなものができていればよいですね。頑張ってください。倉敷にて（タシロ）。

〈平成23年4月2日〉
　前略　先日は、工房はなぞのの作品に私のネームプレート入りを送っていただき、誠にありがとうございます。その後、施設の仕事の他に大学にも教えにいかれており、頑張っているようでなによりです。前回の出版パーティーは中止になりましたが、次の計画が進んでいるようで、5月28日（土）、学会の前日ですが、正式に決まり次第お知らせすると存じます。新しい論文をご執筆ください。次の本のご相談があるのではないかと思います。新しい文献[6]が出版されましたので送ります。ご批判ください（タシロ）。

〈平成24年6月22日〉
　本日は、工房はなぞのでの実践報告[7]、誠にありがとうございます。いま拝見したばかりで十分なコメントはできないのですが、こうした実践とその記録後が次の発展に大きく貢献するとおもいます。とくに人間として、生活者、主権者としての利用者を中心とした実践は、人間の可能性を大きく引きだしてくれるとおもいます。これからも何回も続けてください。きっとすばらしい人間ドラマが生まれると存じます。
　6月23日午後、立正大学に博士号審査のため、たのまれてまいります。すでに何人かの博士号取得の審査をしましたが、それを審査する私自身が不勉強のため、いつも後悔しています。実践報告に参加された方にもよろしくお伝えください。倉敷にて（タシロ）。

〈平成24年9月17日〉
　先日来は、工房はなぞのの製品をご送付いただき、誠にありがとうございます。その後、お変わりなく仕事をしているようですが、ご承知とはおもいますが、私の喜寿論文集[8]の出版が計画されており、投稿されましたでしょ

うか。まだであれば、今月中に矢上先生のところへ投稿をよろしくお願いします。貴君の〈福祉実践ドラマ〉をぜひとも拝読したいとおもっています。
　同封した小冊子に論文を書きました。ご批判ください。製品を作成した皆様にもよろしくお伝えください（タシロ）。

〈平成25年7月25日〉
　暑くなりましたが、お元気でお過ごしでしょうか。私は、毎朝草取りをして、どうにか現場でやっています。8月と9月の新潟調査合宿に参加予定します。お世話になります。
　工房はなぞの発行の機関誌[9]をお送りします。夏を楽しみにしております。よろしくお願いします（吉田）。

〈平成25年12月吉日〉
　『花園創立50周年記念誌　幸せを願って半世紀』[10]について。初冬の候、ますますご清祥のこととお喜び申し上げます。日頃は、大変お世話になっております。
　このたび、記念誌が発行されましたので、謹呈いたします。よろしくお願いします（吉田）。

〈平成26年1月1日〉
　迎春。皆様のご健康とご多幸をお祈りいたします。本年もどうぞよろしくお願い申し上げます。花園創立50周年記念誌ありがとうございます。
　草の根運動
　日本の国をいま「秘密」のうちに「戦争の出来る国」に仕立てようと右翼政権は、躍起になっている。誰がこの政権に投票したのか。この危険な流れを阻止するため反戦と反貧困策を目ざす「平和的生存権」実現を訴える46冊目の単著『続・社会福祉学とは何か』（本の泉社）[11]を出版した。しかしそれは完全に無視されることを承知の上で、それでもなお、1人だけになっても「平和的生存権」実現を叫び続けたい。明るい未来の夜明けが来るのだろうか、とても心配である（田代　国次郎）。

私（筆者）にとって、この年賀状が最終のお便りでした。

2　田代国次郎先生逝去
〈平成26年1月29日〉

　田代　国次郎（79歳）逝去。1月30日、通夜。1月31日、告別式。

　朝、早く連絡を受けた。早々、岡山行きの荷物をまとめておいた。倉敷の告別式に、教え子ら数人とともに参列した。

3　社会福祉研究センター（倉敷支部）訪問
〈平成26年4月18日、19日〉

　平成26年4月18日。筆者は、午後、急いで自宅を出発して、やっと、夜、倉敷に着いた。先に到着していた矢上克己先生（清泉女学院短期大学）、大塚良一先生（東京成徳短期大学）、畠中耕先生（近畿医療福祉大学）らと合流し、翌19日（土）の朝、4人で社会福祉研究センター（倉敷支部）を訪問した。田代先生にお線香をあげることと、先生なきあと、貴重な文献の保管について、相談したいこともあった。先生の書斎と書庫は、そのままで、相変わらずたくさんの本に囲まれていた。デスク上には、先生の写真とお花が飾られていた。奥様と娘さんに迎えていただいた。娘さんも見たことのない貴重なアルバムも拝見させていただいた。若い頃の先生の写真、私たちの知らない先生、いろいろなエピソードを教えていただいた。先生の文献、資料は、バラバラになってはいけない。まとめてどこかに保管しておきたい。矢上先生を中心に今後の行く先を考える。

　奥様によると、先生はいつも机に向かっていた。倒れる当日も、なにやら書き綴っていた。Ａ4横書きの原稿用紙と同じような長さのＢ2、Ｂ3のえんぴつ、ボールペン、黒い手帳。
原稿用紙には、
① 『草の根福祉』（第43号）2014[12]
② 『東北介護福祉研究』（第16号）20114
③ 『東北社会福祉研究史研究』（第32号）2014[13]
④ 『人間裁判』（第7号）2013年

⑤　自伝―〈私の研歴史〉

と書かれてあった。

もう1枚には、
円グラフと％、不、関係やすい、保右、無関心、金銭保主義、右側、9割保右側、など、と書かれていた。今すすめている原稿、これから執筆しようとする論文の構想とおもわれる。これが最後の執筆だった。

いつもやさしく、怒ったことがない先生、ありがとうございました。田代国次郎先生と出会うことができて、よかった。

平成26年7月31日　夏

【注】
1）田代国次郎著『社会福祉研究実践運動』（本の泉社）、2007年。
2）田代国次郎編『草の根福祉』（第40号）、社会福祉研究センター、2008年。
3）唯木雅剛君追悼記念論集編集会編発『雨にも負けず－唯木雅剛君追悼記念論集』、2009年。
4）一般社団法人日本社会福祉学会、会場：岡山県立大学開催、2008年。第62回秋季大会は、2014年11月29日～30日、会場：早稲田大学で予定。29日、田代国次郎先生を偲ぶ会が予定される。
5）全国社会福祉事業団協議会編発『社会福祉事業団職員実務研究論文集平成20年度』、2008年。
「福祉施設から地域生活移行を支えるために－埼玉県社会福祉事業団あげおの取り組みと課題－」
6）田代国次郎著『社会福祉学とは何か―現代社会福祉学批判―』（本の泉社）、2011年。
7）社会福祉研究センター（第42号）－田代国次郎先生喜寿記念号－、「工房

はなぞののモットーと幸福感－その１－、－その２－」、2012年。
8) 田代国次郎先生喜寿記念論文集編集委員会編『いのち輝く野に咲く草花に－田代国次郎先生喜寿記念論文集－』、社会福祉研究センター、2012年。
9) 埼玉県社会福祉事業団花園、工房はなぞの発「工房だより木のかおりと花のたね」(第28号)、2013年。
10) 花園創立50周年記念誌編集委員会編『花園創立50周年記念誌幸せを願って半世紀』花園クローバーの会、埼玉県社会福祉事業団花園、2013年。
11) 田代国次郎著『続・社会福祉学とは何か－「平和的生存権」実現運動－』(本の泉社)、2013年。
12) 草の根編集委員会編発『草の根福祉』(第43号)、社会福祉研究センター、2013年。
13) 菊池義昭編『東北社会福祉史研究』(第32号)、東北社会福祉史研究連合会、2014年。

　本稿は、草の根福祉編集委員会編『草の根福祉』(第44号)、2014年、148ページ〜153ページに掲載された。

発刊によせて

秋草学園短期大学非常勤講師　小室泰治

　ようやく春めいた日々が続くようになりました。いかがお過ごしでしょうか。6月頃に単著を出版されるとのこと。うれしいかぎりです。間に合うかどうかわかりませんが、短い文をつくりました。メールがありませんので打ち直してください。

　著者である吉田氏は、障害のある人たちの生活をサポートする施設に長年携わってきた人です。一方で、日々の実践をまとめ、障害のある人の地域生活支援のあり方の提言を研究誌や研究会での発表などもおこなってきています。いわば、実践者であると同時に地域福祉研究も取り組んでいます。

　吉田氏は、大学院で地域福祉の第一人者である田代国次郎先生に師事し、「福祉現場からの発信」をライフワークとされています。また、城西大学において非常勤講師として学生諸君へ「福祉現場の案内人」として活躍されています。

　今回、これまで発表されたものを1冊にまとめられることになりました。読者の皆さんにおかれましては、これからの福祉のあり方を考えるうえで、是非参考にしていただきたいと思います。

平成28年3月18日

東京成徳短期大学教授　大塚良一

　このたび社会福祉の現場実践を貫かれている吉田博行氏の著書が出版されたこと、心よりお祝い申し上げる。吉田氏とは古くからの友人であり、その謙虚な人柄にいつも助けられている者のひとりでもある。

　さて、社会福祉という学問とは何か、吉田氏の師である元東北福祉大学教授の田代国次郎は「社会福祉とは、そのおかれている社会体制のなかから派生するさまざまな社会的不平等、貧困、病気、障害、その他あらゆる生活危機をもたらす諸矛盾に対し、人間としての基本的な生活権利を発揮できるように仕向ける公私の社会的政策と、その科学的援助技術及び運動の体系である」といっている。

しかし、社会福祉の学問体系は制度・政策に関するものが多く、その根底となる実践にもとづいた理論体系が不足している傾向にある。たとえば、障害者支援施設での実践においても、障害者の方々が何を求めているのか、また、個別な支援をいかに科学的に体系化し共通の支援方法として確立していくのかという研究には、現場の衆智と結集が必要なためなかなか取り組むことが難しいと考える。

　このことについて社会学者で朝日賞を受賞した上野千鶴子は「寝たきりの高齢者ならばその人のもとを訪ねなければならず、言語障害があればコミュニケーションが難しく、認知症をともなっていれば本人の意思を確かめることは長時間にわたる観察や熟練がいる。質的調査を不可欠とするこの分野の研究が、テマヒマのかかる効率の悪い調査であるため、研究者は被介護者の『介護される経験』を主題化することを怠ってきた。それだけでなく、これらの障害を抱えた被障害者を対象とする調査の技法や判定の尺度も確立していない（上野千鶴子『ケアの社会学　当事者主権の福祉社会へ』太田出版2011年160頁）」といっている。

　本著で紹介された吉田氏の取り組みは、社会福祉の研究の中で一番遅れている分野の報告・研究であり、まさに現場実践にもとづくものである。吉田氏の現場実践の成果が多くの人の指針になることを心より願うものである。

平成28年3月21日

　　　　　　　　武蔵野短期大学幼児教育学科兼任講師　片貝晴夫

　この度、長年来の友人である吉田博行氏が自著を上梓されたことに、心より祝意を申し上げます。

　埼玉県社会福祉事業団職員として職場を共にした経験のない私と吉田博行氏との出会いの端緒は、昔になりますが、埼玉福祉専門学校で非常勤講師をしていた故元あさか向陽園園長であった近藤卓司氏から、当時、立正大学大学院に通っている吉田博行氏に本の返却を託されたのが、出会いのきっかけでした。

　当時、埼玉県社会福祉事業委団職員で、大学院に通っている職員は皆無でした。その後は、追うように後輩が輩出されましたが、先人の誰もいない、いわ

ば開拓者であり先駆者である吉田博行氏の思いと苦労は計り知れないものがあったと想像されます。だからこそ、打算や他者からの評価を求めることなく、誰よりも純粋で誰よりも研究心旺盛で、そして誰よりも福祉に対して真摯であり続けたのでしょう。

　故近藤卓司氏の仲介していただきお会いした吉田博行氏は、私の期待や想像を裏切らない福祉に対して謹厳実直で価値観を共有できる方でした。だからこそ今日まで友人として、交友が継続しているのかも知れません。

　爾来、お会いすれば、いつも知的刺激を受け、揺らぐ私の価値観や気持ちを励ましていただきました。今日、自分がささやかながら福祉領域に地歩を占めることができますのも、吉田博行氏のおかげと感謝しております。

　お会いすると、福祉について談論風発して、必ず「福祉の現場にこそ価値が内在している」「形にならいもの形にできないものにこそ価値がある」と思いが一致するのが常でした。

　福祉現場の価値に共感し、その思いを共有した吉田博行氏が、ご自身の内に秘めた福祉への思いと情熱を纏め上げたことは、私自身の心の投影に近接するものでもあります。

　福祉現場の今は、過酷で必ずしも魅力ある職場とは残念ながらなり得ていません。しかし、人が人に関わる仕事、特に福祉の仕事は、本来極めて崇高で高い専門性と人間に対する深い理解が求められる仕事領域であります。

　この点では、福祉現場に身を置く職員である吉田博行氏が自著として対外的に発信することは、何よりも日夜苦労して対象者を支えている職員に、仕事の価値と意味を再認識し、勇気と自信と誇りを取り戻す力となるでしょう。

　最後に、福祉の泰斗とも言える吉田博行氏の輝かしい実績は、申し上げるまでもなく素晴らしいものですが、この自著が、今後のさらなる飛躍のきっかけになることを期待してやみません。

　長年来の友人として、改めて心からお祝い申し上げます。

平成 28 年 3 月 27 日

あとがき

　本稿は、筆者が福祉施設現場の実践を基盤として、現場目線のいくつかの論文と田代国次郎先生との一場面の記録を整理編集したものである。

　機関紙工房だよりの編集作成は、工房はなぞの職員の皆さんと一緒に継続してきた。特に、中島幸恵さん、五十嵐香さんには、編集や「校正おねえさん」として活躍していただいた。中島さんは当時、契約職員であったが、今は正規職員として他施設で活躍されている。五十嵐さんは、後任として勤務されている。近藤和樹さんは、彼が大学3年生の頃からグループホームの世話人をしていて、その後も工房はなぞので働いていただいている。高校時代は、ラグビー全国大会（花園）出場の経験がありながら、手先も器用でたよりになる。後藤秀一さんは、木工製品作成を担当されている。馬場里美さんは、施設支援と通所を兼務されていた。グループホームの鈴木智恵子さんは、お体を大切に。樺沢ミチ子さんと元気な世話人のみなさん、お世話になりました。不十分ながらも実践の記録をまとめることができました。皆さん、どうもありがとうございました。

　田代国次郎先生の教え子らは、矢上克己先生を中心に、今も定期的に集まっては、熱心に社会福祉研究の話しをしたり、研究調査を実施しています。

　ところで、今年の夏（平成27年7月）に自宅敷地内に小さい図書室が完成した。吉田図書室と命名した。今まで、多くの本がダンボール箱に入っていたが、やっと並べられるようになった。工房はなぞの後藤さんにお願いして、立派な机と図書室の看板を作成していただいた。子どものように、七夕の短冊に「図書室ができますように」と、お願いした。その夢が、やっとかなった。おかげで、家計は厳しくなりました。

平成27年11月吉日、吉田図書室にて

●著者紹介

吉田　博行（よしだ　ひろゆき）

1959年　埼玉県生まれ
2003年　立正大学大学院社会福祉学研究科修士課程修了
1982年〜埼玉県社会福祉事業団嵐山郷、あさか向陽園、皆光園、あげお、花園、
　　　　あすなろ学園、など勤務
　　　　城西大学非常勤講師

《主要著書》
・『地域から社会福祉を切り開く』（共著）本の泉社、2007年
・『社会福祉援助技術』（共著）ミネルヴァ書房、2008年
・『続・地域から社会福祉を切り開く』（共著）本の泉社、2011年
・『保育の基礎を学ぶ社会福祉施設実習』（共著）ミネルヴァ書房、2014年
・『新潟社会福祉史の基礎的研究』（共著）本の泉社、2014年、など。

社会福祉実践労働の基礎的研究 ——木のかおりと花のたね——

2016年7月1日　初版 第1刷 発行

編　者　吉田　博行
発行者　比留川　洋
発行所　株式会社 本の泉社
〒113-0033　東京都文京区本郷2-25-6
TEL：03-5800-8494　FAX：03-5800-5353
http://www.honnoizumi.co.jp
印刷　新日本印刷株式会社　／　製本　株式会社村上製本所

ⓒ 2016, Hiroyuki YOSHIDA　Printed in Japan
ISBN 978-4-7807-1283-4　C0036

※落丁本・乱丁本は小社でお取り替えいたします。定価はカバーに表示してあります。
　本書を無断で複写複製することはご遠慮ください。